早期中国的
政治想象

❖

儒
法
道

CRISES
AND SOLUTIONS

*Reflections on Political Thought
in Early China*

包刚升

著

GUANGXI NORMAL UNIVERSITY PRESS
广西师范大学出版社

·桂林·

图书在版编目(CIP)数据

儒法道：早期中国的政治想象 / 包刚升著. ——
桂林：广西师范大学出版社，2023.10

ISBN 978-7-5598-6079-8

Ⅰ.①儒… Ⅱ.①包… Ⅲ.①政治思想史－中国
Ⅳ.①D092

中国国家版本馆CIP数据核字(2023)第109416号

RU FA DAO: ZAOQI ZHONGGUO DE ZHENGZHI XIANGXIANG
儒法道：早期中国的政治想象

作　　者：包刚升
责任编辑：谭宇墨凡
内文制作：燕　红

广西师范大学出版社出版发行

广西桂林市五里店路9号　　邮政编码：541004
网址：www.bbtpress.com

出　版　人：黄轩庄
全国新华书店经销
发行热线：010-64284815
北京鑫益晖印刷有限公司
开本：860mm×1092mm　1/32
印张：10　　　字数：159千
2023年10月第1版　2023年10月第1次印刷
定价：68.00元

如发现印装质量问题，影响阅读，请与出版社发行部门联系调换。

吾意善治天下者不然。

——《庄子》

包刚升《儒法道：早期中国的政治想象》序

政治思想史这个领域，由于必须横跨政治学和思想史，换句话说，必须兼通社会科学和人文学科，因此，至今仍需要一些新的探索。

并不是说中国学界过去没有好的政治思想史著作。无论是早年的陶希圣、陈序经、钱穆、萧公权，还是后来的刘泽华，他们都撰写了至今仍应当时时放在手边参考的重要著作。像萧公权归纳的古代中国多政术而少政理，多因袭而少创造，像刘泽华先生用"王权主义"统摄古代中国政治思想，其实，都已经触及传统中国政治思想的基盘。不过，这里面除了萧公权先生受过严格的现代政治学训练，撰写过政治多元论方面的政治学著作之外，大多数政治思想史的研究者，还是历史学出身，这也许多多少少增添了政治思想史的历史学色彩，而缺略了政治思想史的社会科学性质。

说一点我个人的体会。几十年来，我和日本的政治思想史学者有不少交往，其实，无论是与日本政治思想史的学者交流，还是阅读日本的政治思想史著作，你都会感觉到一些与中国不同的"日本特色"，这特色里最明显的，就是他们都属于大学的法学部，而不是在历史系。像我熟悉的东京大学，丸山真男、渡边浩、苅部直等都是社会科学出身的学者，他们从一开始就深受政治学训练，当他们重新梳理政治思想史的时候，政治学那些严格的术语、角度、进路就会重新整合各种政治思想的历史文献，而一些重要的概念，比如"统治的权力""政治伦理""合法化或正当性"等，一方面像聚光灯，把这些政治问题在历史上的演进凸显出来，构成政治思想史的脉络，一方面像格式化，把日本政治史上最重要的"国体""帝国""天皇""幕藩制度""显密体制"等政治思想内涵，重新做了现代人能够理解的诠释。

我之所以要向读者隆重推荐包刚升教授这本著作，并不是因为他是我在复旦大学的同事，也并不是因为他在古代文献上有多少开拓，历史叙述上有多少新说，思想透视上有多少深刻。坦率说，同样治古代思想史，我欣赏他的某些判断，但并不完全赞同他对传统政治思想的分析；作为历史学者，我在赞赏他的逻辑力量时，也对他的历史与文献方面有不少批评。但是，我最看重的，是他以现代的政治学眼光，介入传统的思想史问题。我读过包刚升撰写的《民主崩溃的政治学》和《政治学通识》，很佩服他研究政治学时，敏锐的问题意识、清晰的意义表达、严密的分析逻辑，而他的这些特长，同样呈现在这本著作中。比如说，当他用礼制、伦理、仁政、君子来描述儒家，用强君、农战、法制和赏罚来归纳法家，用循道、柔弱、无为、弃智总结道家，他论述的儒法道三家政治解决方案的"四支柱"，确实清晰而明快，应当说显示了社会科学家的条理；而他用问题、理论、方案、理想模型分析儒法道，用个人与群体的预设和逻辑讨论先秦思想的不同，用政治学的权威与自由、保守与进步等概念描述轴心时代思想光谱，用政治全能主义的概念以及宪法、法治、民主和分权如何制衡政治权力来讨论法家，也把现代政治学的概念、角度和分析，以及政治史的研究方法，引入传统中国政治思想史领域。特别是，现代的政治学来自西方，当他从现代政治学进入传统思想的时候，西方理论和东方思想就在不断对话。

在写这篇序文的时候我曾想象，他在撰写这本著作时，眼前一定会不时闪过政治学领域那些西方身影，从柏拉图、亚里士多德，到霍布斯、哈耶克、阿伦特，甚至福山，而这些来自西方的身影，虽然并不一定在正文中现身说法，但一定会作为隐约的比较背景，出现在包刚升对古代中国政治思想的理解中。

我很想提醒本书的读者，请特别注意书中的若干图表，这算是本书的一个特色。历史学家也许往往担心图表这种形式，会切割思想学说之间的连续与交错，但社会科学家则擅长用这种简明清晰的呈现方式，让读者一目了然地获得理解框架。其实，图表不仅容易帮读者理解，而且也反过来不断对论述自我条理。这和过去各种政治思想史著作不太一样，或许可以说是作为政治学学者的特征？过去，一些人总想提倡"以中国解释中国"，觉得这样才"原汁原味"，其实这是一个幻想，因为没有"他者"的对比，容易陷入自我想象，仿佛拔着自己头发离开地球，其实最终还是在传统泥沼之中；也有一些人总想提倡"回到古代"，觉得这样理解才能把握历史的"全须全尾"，其实也是一个误解，因为没有现代的概念和观念重新分拆整合，不大容易看到历史的特征和变化，就像文史哲现代学科虽然重新切分了古典的经史子集，但也让原本混沌的古代文化呈现出可以理解的面目。

在这里，我不想说推动社会科学与历史学结合这样的大话，不过，在某种意义上说，以现代政治学眼光来重新审视古代思想，也许，这就是像包刚升这样的政治学者介入传统政治思想史最大的意义？

2023 年 5 月于上海

目 录

以现代学术重新理解古代思想

2019—2020 学年，我曾赴美国哈佛大学政府系做访问研究。期间，我有幸旁听了时年 88 岁高龄的哈维·曼斯菲尔德（Harvey C. Mansfield）教授主讲的"西方政治哲学史"课程。曼斯菲尔德教授沿袭了施特劳斯学派的传统，授课风格以带领学生阅读经典文本和进行文本诠释为主。在这门课的开始几周，柏拉图和亚里士多德自然是绕不过去的重量级古典思想家。柏拉图《理想国》开篇的第一个理论问题，就是"什么是正义？"实际上，"何谓正义"在今天依然是中西政治理论界需要面对的重大问题。在讨论柏拉图、亚里士多德曾提到的一个重要概念"德谟咯葛"（demagogue，亦即富有煽动力的民粹领袖）时，曼斯菲尔德教授表情有些无奈地暗示，时任美国总统的唐纳德·特朗普可能就是一位"德谟咯葛"。尽管曼斯菲尔德教授讲授的是西方古代与中世纪的政治哲学，但他的课程常常给人以一种在古今政治之间穿梭的感觉。

在我访问期间，哈佛大学另一位政治学教授格雷厄姆·艾利森（Graham Allison）堪称当时的学术明星。他是哈佛大学肯尼迪政府学院的创始院长，这些年则因为重申"修昔底德陷阱"（Thucydides's trap）这一概念而名声大噪。许多人都知道，这一概念之所以流行，乃是因为中国与美国之间日趋复杂的政治关系。在"修昔底德陷阱"的分析框架中，美国被视为领导者，而中国被视为挑战者。埃利森教授在提到他如何想到"修昔底德陷阱"这一概念时，竟将其追溯至他本人大学一年级"古希腊语"课程上所阅读的《伯罗奔尼撒战争史》。正是古希腊历史学家修昔底德在该书中的一个重要表述——"使战争不可避免的真正原因是雅典势力的增长以及因此而引起的斯巴达的恐惧"——触动了艾利森教授。[1]之后，"修昔底德陷阱"这个概念开始流行。由此看来，"修昔底德陷阱"这个今天大红大紫的流行概念，竟然可以追溯至一个 2000 年前的西方古典文本。

然而，当将目光转移到国内、审视中国古代政治思想史的研究时，我却鲜少看到这种跨越古今的思想对话。在研读几种流行的"中国政治思想史"专门著述时，

许多人的直观感受都是，它们只是在探究中国政治思想史上的"古迹"，而难以将这些古代政治思想融入现代政治议题，或者难以实现跨越古今的思想对话。[1] 这也使中国古代政治思想史的研究主要只能吸引专门学科的学者和学生，而无法展现其能够增进对于当代政治认知的"现代魅力"。

究其原因，在我看来，除了中国古代政治思想本身的特质以及古今政治的巨大转换，主要还在于国内学界往往用一种较为陈旧的范式来研究与解读中国古代政治思想及其历史。这种研究范式的基本做法是，以主要思想家的著述为基础，根据这些著述的主题分列篇目，然后进行诠释、总结与评析。按照葛兆光教授的说法，"一半仿佛编花名册，把已经逝去的天才的生平与著作一一登录在案，一半仿佛挂光荣榜，论功行赏或评功摆好"。[2] 这种做法固然有不少优点，能够以代表性思想人物为中心把中国古代政治思想史梳理清楚，让后来者用较短时间就能掌握一幅"中国古代政治思

1　较具代表性的中国政治思想史专著参见萧公权《中国政治思想史》，新星出版社，2010 年；陶希圣《中国政治思想史》（上、下），中国大百科全书出版社，2009 年；刘泽华主编《中国政治思想史》（修订版，1—3 册），浙江人民出版社，2020 年。

2　葛兆光：《中国思想史：思想史的写法》，复旦大学出版社，2013 年，第 8 页。

想的知识地图"。但这种做法的缺憾也相当突出，最重要的莫过于，由于古今政治的巨大转换，这种中国古代政治思想史的研究路径与写法，已经难以关照当代学者和读者普遍关心的现代政治议题，容易导致一种为了研读古代文献而研读古代文献的情形，难以实现古代政治思想与现代问题意识之间的有效对话。

我的研究领域主要是政治理论、比较政治和政治史，接受的主要是以政治学、经济学为主的现代社会科学训练。我的一个基本想法是，正是由于中国古代政治思想史主流研究的"自我设限"，我们需要用现代社会科学的理论与方法重新理解中国古代政治思想。

德国哲学家卡尔·雅斯贝尔斯喜欢将公元前 500 年前后的一个时期，特别是公元前 800 年至公元前 200 年，称为世界主要古典文明思想奠基的轴心时代（Axial Age/Axial Period），这一时期对应的恰好是中国的春秋战国时期。这也是中国古代政治理论起源和形成的关键时期。[1] 这一时期形成了百家争鸣的思想繁盛局面，而其中影响力最大的，主要是以孔子、孟子为代表的儒家，以商鞅、韩非为代表的法家，以及以老子、庄

---

1 卡尔·雅斯贝尔斯：《论历史的起源与目标》，李雪涛译，华东师范大学出版社，2018 年。

子为代表的道家这三大思想流派。因此，这项研究的主要任务就是试图用新的学术路径重新理解中国轴心时代最具代表性的儒家、法家和道家的政治理论。用一句话来说，这本书的目标是以政治学与现代社会科学重新理解古代思想。

从更宏大的视角看，中国古代政治理论对当代中国来说仍然是一项重要的思想资源，但它们不应该成为一种思想的图腾。用新的学术路径重新理解中国轴心时代的政治理论，恰恰可以为我们以一种更加客观公允的立场解读、诠释这些思想提供另一种可能，从而更能实现中国古代政治理论与现代政治议题之间的思想对话。面对祖先的著述与理论，作为后人的我们固然应该心存敬畏，但同时，我们亦可抱有一颗懂得检讨与反思的心。毕竟，每一代人都需要部分地或整体地突破先辈曾经为他们的后人设定的认知框架。

需要特别说明的是，本书初稿排定以后曾呈送复旦大学文科资深教授葛兆光先生审阅。葛先生耗费许多时间与精力，对初稿做了数十处批注与点评，又欣然提笔为本书作序。葛先生的点拨、指正与作序，对我这样一位晚辈来说，是莫大的提携与鼓舞。我只能说，这种提携与鼓舞，激励着我未来在中国古代政治史的社会科学研究领域写出更好的作品。对于平素就很关心我学术成长的葛兆光教授与戴燕教授，我的心中满是感恩与感动。

　　是为序。

2023 年 6 月于复旦大学文科楼

第一章

中国古代政治理论的起源

周代学术之大兴，不在西周盛世，而在东迁以后之春秋末叶与战国时代。此政治思想亦于此时突然发展，盖自孔子以师儒立教，诸子之学继之以起。"至战国而著这术之事专"，持故成理之政治学说乃风起云涌，蔚为大观。

萧公权《中国政治思想史》

"道术将为天下裂"，这并不是一个悲哀的结局，而是一个辉煌的开端，……在这一思想分裂的时代，人类才真的开始不完全依赖幻想的神明和自在的真理，而运用自己的理性，于是，在春秋末年到战国时代，也就是公元前六世纪到三世纪，中国的思想史进入了它自己的历程，这也许就是雅斯贝尔斯所说的"轴心时代"。

葛兆光《中国思想史》

人类古典文明的轴心时代

中国古代政治理论大体上起源于春秋战国时期，这一时期又被视为中国古代文明奠基的轴心时代。轴心时代是德国哲学家卡尔·雅斯贝尔斯首先提出的概念。他认为，公元前 500 年前后是世界历史或人类古典文明演化的关键时期，也是人类社会与政治文明的奠基时刻。在这一时期，经由现实与智识的互动，不同地区的人们在思想与哲学层面开始形成自己特定的问题意识、分析框架与认知边界。所有这一切都影响到这些文明后来很长时期的观念与制度。

雅斯贝尔斯这样说：

> 这一世界史的轴心似乎是在公元前 500 年左右，是在公元前 800 年到公元前 200 年产生的精神过程。那里是历史最为深刻的转折点。那时出现了今天依然与之生活的人们。这一时代，我们可以简称其为"轴心时代"。[1]

对几个主要的人类古典文明来说，公元前 800 年

---

1 卡尔·雅斯贝尔斯：《论历史的起源与目标》，第 8 页。

到公元前 200 年这一大致的时间范围，是它们的基本思想与哲学的诞生时期。雅斯贝尔斯认为：

> 非凡的事件都集中在这一时代发生了。在中国生活着孔子和老子，产生了中国哲学的所有流派，墨翟、庄子、列子以及不可胜数的其他哲学家都在思考着；在印度出现了《奥义书》，生活着佛陀，所有的哲学可能性，甚至于像怀疑论和唯物论，诡辩术以及虚无主义都产生了，其情形跟中国别无二致；在伊朗，查拉图斯特拉在传授他那富于挑战性的世界观，即认为这是善与恶之间的一场斗争；在巴勒斯坦，从以利亚经由以赛亚及耶利米到以赛亚第二，出现了先知；在希腊则有荷马，哲学家巴门尼德、赫拉克利特、柏拉图，许多悲剧作家，修昔底德以及阿基米德。在这短短的几个世纪内，这些名字所勾勒出的一切，几乎同时在中国、印度和西方，这三个相互间并不了解的地方发生了。
>
> 这一时代的崭新之处在于，在上述所有的三个地区，人们开始意识到其整体的存在、其自身的存在以及其自身的局限。他们感受到了世界的恐怖以及自身的无能为力。他们提出了最为根本的问题。在无底深渊面前，他们寻求着解脱和救赎。在意识

到自身能力的限度后，他们为自己确立了最为崇高
的目标。他们在自我存在的深处以及超越之明晰中，
体验到了无限制性。[1]

学术界一般认为，古代智人大约是 25 万到 40 万
年前起源于东非大峡谷地区，而后逐渐向世界各地扩
散。到了距今 14000 至 10000 年前，人类社会开始出
现农业革命。农业革命使得人类的生产率得到了极大
的提升，定居生活开始出现，人口密度开始增加，古
代城市兴起成为可能。到了公元前 3500 年至前 3000 年，
两河流域和尼罗河谷首先出现了人类早期国家。公元前
3000 年到前 1500 年左右，印度河流域和黄河流域也
开始陆续兴起人类早期国家。这样，当定居生活、农业、
城市、早期国家、文字等陆续出现以后，几个主要大河
流域的人类古典文明就逐渐形成了。这种不同区域的人
类古典文明，往往还对应着不同的社会形态、生产方
式、政体类型与法律制度。由于地理等自然条件的不
同，人种和人口因素的差异，甚至诸种重要的偶然因素，
世界不同区域所兴起的古典文明存在着相当大的差异。

随着人类早期国家和古典文明的兴起，每个主要的

---

[1] 卡尔·雅斯贝尔斯：《论历史的起源与目标》，第 8—9 页。

大型社会总会出现少数善于思辨和较有智慧的人——他们一般是思想家或哲学家，他们既可能是统治精英集团的成员，又可能只是单纯的知识精英。他们首先开始思考许多重大问题，包括自然界的诸种基本问题、人类社会的诸种基本问题以及两者之间的关系。在雅斯贝尔斯的时间框架中，公元前800年至前200年恰好形成了一个原发性思想与哲学的创造高峰。正是由于这些原发性的大思想家与哲学家的引导，一个个社会开始形成其特有的问题意识，即关注哪些问题，以及为什么认为这些问题重要；开始形塑其特定的认知框架与思维方法，即理解重大问题的一系列假设、路径与方法；开始明确他们独特的思想倾向与价值观念，即对自然、社会与两者关系持有何种基本判断，以及在许多重要问题上的基本信念。

当然，这里讨论的思想与哲学以及所有精神世界的活动绝非凭空产生，它们通常都来自现实与智识之间的互动。思想家与哲学家再伟大，也无法脱离他们身处其中的社会实践活动而从头发明一系列知识与观念。比如，中国诸子百家的主要理论，往往是春秋战国或更早时期现实政治的某种映射；柏拉图和亚里士多德的政体类型学说，是对古希腊城邦政治及地中海—中东世界不同政治体的经验总结与反思。就此而言，任何类型的思想与哲学及其相关的政治理论，都是某种特定实践与现实经验的产物。

即便如此，思想家与哲学家并非无所作为。真正伟大的思想家与哲学家的理论往往是超越现实的，他们或是提供了远比表象更深刻的洞见，或是提供了一种对于理想世界或彼岸世界的想象，或是提供了一种理解世界的不同视角。如果智识完全臣服于现实，就不会有少数伟大的思想家与哲学家留下经久不衰的影响和声誉了。

总的来说，到了轴心时代，各主要古典文明的重要思想家与哲学家已经凭借其著述在很大程度上界定了人们应该怎样看待这个世界，包括与之相关的一系列问题意识、分析框架与认知边界。由此，轴心时代就构成了不同古典文明在精神与观念世界的奠基时刻。[1]

中国轴心时代的来临

在中国历史分期中，雅斯贝尔斯眼中的轴心时代

---

[1] 关于轴心时代的思想与观念，参见凯伦·阿姆斯特朗《轴心时代：人类伟大思想传统的开端》，孙艳燕、白彦兵译，上海三联书店，2019年。该书英文版参见 Karen Armstrong, *The Great Transformation: The World in the Time of Buddha, Socrates, Confucius, and Jeremiah*, London: Atlantic Books, 2007。

对应的是东周，即春秋战国时期，时间跨度是从公元前770年周平王继位，到公元前221年秦始皇统一中国。应该说，这个时间跨度跟雅斯贝尔斯认为的公元前800年到公元前200年的时间段是高度吻合的。当然，中国与西方的轴心时代有着许多显著的差异。这一点，史华兹、葛瑞汉、余英时等学者做过许多重要的讨论。[1]

总的来说，这一时期正是中国古代政治的大动荡与大转型时期。先是西周分封制瓦解，诸侯并起、群雄争霸，最终天下统一于秦，而后楚汉相争，天下归于汉，汉国祚绵长、影响深远。秦汉建制基本上确定了中国政治此后2000年左右的基本框架。春秋战国时期，既是中国精神与观念世界意义上的轴心时代，又是政治、经济、社会、军事上变动极为复杂的时期。扼要地说，春秋战国时期在政治、经济、社会与思想维度上表现出许多重要的关键特征。[2]

首先，在政治上，春秋战国是周作为分封制王朝

1　关于中国思想与政治理论在轴心时代的缘起及其特质，参见史华兹：《古代中国的思想世界》，程钢译，江苏人民出版社，2004年；葛瑞汉：《论道者：中国古代哲学论辩》，张海晏译，中国社会科学出版社，2003年；余英时：《论天人之际：中国古代思想起源试探》，中华书局，2014年。

2　关于春秋战国史的一般研究，参见顾德融、朱顺龙《春秋史》，上海人民出版社，2019年；杨宽《战国史》，上海人民出版社，2019年。

逐步瓦解的时期，也是诸侯争雄并最终走向大一统君主制王朝的时期。周朝可以算中国早期政治文明的第一个原型，其基本特征是大一统与分封制的结合。西周表面上维持着大一统，周天子与周王室是天下的正统，但其实它是一个基于宗法贵族的分封制王朝。各分封王国的诸侯掌握着各自的行政、财政与军事系统。后来，诸侯之下的卿大夫阶层开始崛起。春秋时期，卿大夫已经是诸侯国内部最重要的贵族，他们同样在各自封地或领地掌握着行政、财政与军事大权，同时参与诸侯内部的朝政。大夫与诸侯的关系，大致相当于诸侯与天子的关系。这样，东周的政治体系大致是"天子—诸侯—大夫"以分封制形式分配权力与资源的格局。[1]

一般认为，西周始建于公元前 1100 年左右。西周始创，按照王国维的看法，跟殷商相比，周在"纲纪天下"的制度方面做了许多创新，特别是"'立子立嫡'之制"以及"由是而生宗法及丧服之制"，使得"君天下臣诸侯"的局面得以确立和巩固，"天下诸侯君臣之分始定于此"。"此周初大一统之规模，实与其大居正之制度

1　关于西周政体瓦解的研究，参见李峰《西周的灭亡：中国早期国家的地理和政治危机》，徐峰等译，上海古籍出版社，2016 年。原著标题为 *Landscape and Power in Early China: The Crisis and Fall of the Western Zhou 1045-771 BC*。

相待而成者也。"[1] 问题是，这种天子位尊、安国定民的
政治格局并没有维持太久。有研究指出：

> 在周王朝的第一个百年间，王室统治在确保
> 地方诸侯国遵从西周国家的共同目标上证明是有效
> 的。然而，到西周中期，中央朝廷与业已地方化的
> 周贵族间的争端逐渐出现，且一度升级到王室需要
> 靠武力来对付一些地方诸侯国的地步，如周夷王
> （前865—前858在位）就曾下令讨伐山东的齐侯；
> 而夷王本人即是一个衰微的周王，并曾一度在其父
> 亲周懿王（前899/897—前873在位）驾崩后被剥
> 夺了继承王位的权力。[2]

这种局面就为各种内外政治势力攻击西周中央政
权提供了更多的机会。内部政治叛乱与外族狄戎势力
的入侵，都给西周带来了巨大的压力。公元前771年，
犬戎攻陷镐京，周幽王被杀。翌年，周平王继位，而
后首都被迫东迁洛阳，由此开启了东周时期，即春秋
战国时期。整个春秋战国时期的基本特点是周分封制

1　王国维著，彭林编：《中国近代思想家文库　王国维卷》，中国人民大
　　学出版社，2014年，第132—143页。
2　李峰：《西周的灭亡：中国早期国家的地理和政治危机》，第6页。

的逐步瓦解以及诸侯之间的竞争与争霸。到公元前221年秦最终兼并六国、统一天下，则是这一政治演化过程的终点。

春秋时期，中国有一百多个诸侯国。所以，当时周天子表面上还是天下的共主，但实际上周已是一个多国竞争体系。其中陆续兴起的实力强大的几个诸侯国被称为"春秋五霸"。[1]在这样的多国竞争体系中，一个较理性且有实力的诸侯首先要考虑的是如何实现政治生存，进一步的诉求则是借助正确的战略与策略成为最具实力的诸侯国。因此，较具代表性的诸侯国就启动了变法，开始了早期国家构建，特别是通过一系列改革来建设武力系统、官僚系统与税收系统。这种政治竞争不断延续，到了战国时期，各主要诸侯国的政治目标开始

---

[1]　汉班固所著的《白虎通》认为："五霸，谓齐桓公、晋文公、秦穆公、楚庄王、吴王阖闾也。霸者，伯也，行方伯之职，会诸侯，朝天子，不失人臣之义，故圣人与之。非明王之张法。霸犹迫也，把也，迫胁诸侯，把持其政。《论语》曰：'管仲相桓公，霸诸侯。'《春秋》曰：'公朝于王所。'于是时晋文之霸。《尚书》曰：'邦之荣怀，亦尚一人之庆。'知秦穆之霸也。楚胜郑而不告，从而攻之，又令还师，而佚晋寇。围宋，宋因而与之平，引师而去。知楚庄之霸也。蔡侯无罪而拘于楚，吴有忧中国心，兴师伐楚，诸侯莫敢不至。知吴之霸也。或曰：五霸，谓齐桓公、晋文公、秦穆公、宋襄公、楚庄王也。宋襄伐齐，乱齐桓公，不擒二毛，不鼓不成烈。《春秋传》曰：'虽文王之战不是过。'知其霸也。"参见班固、陈立撰《白虎通疏证》（上册），吴泽虞点校，中华书局，1994年，第60—65页。另可参见赵鼎新《东周战争与儒法国家的诞生》，夏江旗译，华东师范大学出版社，2006年，第61—87页。

从争霸逐步变成了试图兼并他国。随着诸侯国数量的减少,战国逐渐形成了七个主要国家支配的格局,即"战国七雄"。秦国又是主要诸侯国中的实力最强者。这就是春秋战国时期基本的政治结构与权力格局。[1]

其次,在经济上,这是中国农耕文明的生产与生活定型时期。西周时期的特点是,经济与技术发展水平较低,传说中普遍实行"井田制",城市数量较少、规模较小,人口总量和密度都还比较低。[2]从春秋到战国的五个多世纪中,经济获得了长足的发展。一个重要的变化是从青铜时代向铁器时代的转换。一方面,春秋战国时期继续维持着较高水平的青铜器制造业;另一方面,铁器的锻造与制作技术获得了极大的提升,并实现了逐渐普。另一个重要变化,是从农业到手工业的全面进步,传说中的"井田制"趋于瓦解,私人农民与私人手工业、工商业开始大规模兴起,纺织业、陶瓷业等都达到了较高水平,金属铸币广泛流通。战国时期还出现了一定数量的巨商大贾,比如范蠡、吕

1　关于战争与中国早期国家构建,参见赵鼎新《东周战争与儒法国家的诞生》;许田波《战争与国家形成:春秋战国与近代早期欧洲之比较》,徐进译,上海人民出版社,2009年。

2　关于西周是否实行过井田制,大体上是历史学界的一个学术公案,相关讨论参见李学勤主编,张广志著《文明的历程:西周》,上海科技出版社,2020年,第124—146页。

不韦等。总体上，中国作为起源于大河流域的农耕文明，这一时期在生产和生活方式上逐渐趋于定型。此外，还有一个重要的变化，是城市数量的大幅度增加，城市规模的扩大，以及人口的快速增长。《战国策》提到："古者……城虽大无过三百丈者；人虽众，无过三千家者……今千丈之城，万家之邑相望也。"[1]

再次，在社会结构上，中国开始从分封制下的贵族等级制逐步向君主制下的官僚制过渡。在周的前期，无论是周王室的高官还是诸侯国的统治精英，绝大部分是由贵族出任的。重要贵族在平时协助君主治理国家，而在战时则需带兵打仗，跟随君主或独立出征。在这种结构下，君主往往较为依赖贵族阶层，贵族阶层就拥有较大的军政权力与影响力，他们扮演着跟君主分享权力、共同治国的角色。

春秋战国时期，一个重要的社会现象是，"士"作为一个政治社会阶层的兴起。士，大体上是一个准备入仕从政为官的知识分子阶层。士阶层中的顶尖人物，比如苏秦、李斯等，则可以直接效力于君主。士作为一个阶层的兴起，原因固然有很多，但一个主要动力在于，

1　刘向集录，姚宏、鲍彪等注：《战国策》，上海古籍出版社，2015 年，第 402 页。

诸侯国的君主已经普遍认识到，通过创建一个可控的官僚制、培养一大批职业官僚而非依赖独立性很强的贵族，可以更有效地推进国家构建，提高统治国家的能力。在分封制条件下，跟贵族共治显然大大限制了诸侯国君主的自主性和政治权力。为了在多国竞争体系中赢得优势，诸侯国君主急需实现对国家的纵向一体化的政治控制。借助士阶层，君主恰恰可以打破贵族对政治权力的垄断和分享，从而提高君主的自主性与支配性。这大概是需求面的因素。

从士这一阶层本身来说，无论他们出身平民还是贵族，在多国竞争体系中，他们看到了入仕从政、辅佐国君的"市场机会"。为君主所用，恰好可以施展与实现知识分子的政治抱负。实际上，从商鞅到李斯，从苏秦到张仪，从申不害到韩非，他们都有一个共同的"士"的身份。这大概就是供给面的因素。[1]

士的阶层一旦形成，就成了中国古代政治生活中的重要结构因素与社会力量。士阶层后来对君主制中央集权官僚国家的稳定性，对中国政治地理版图的统一性，对王朝兴衰和更替过程中的连续性，对中国历

---

[1] 关于士的兴起及其社会影响，参见杨宽《战国史》，第498—504页；葛兆光：《中国思想史（第一卷）：七世纪前中国的知识、思想与信仰世界》，复旦大学出版社，2013年，第75—82页。

史演化过程中的超稳定结构等，都发挥了重要的作用。许多研究都把中国轴心时期形成的士阶层，视为中国古代社会制度化机制的一部分。士阶层的精神气质、认知框架与自身定位，也构成了中国政治社会后续发展与演化的一个约束条件。在逻辑上，既然君主制中央集权官僚国家跟士阶层是一种互相支撑的结构，前者的演化自然要受到后者的影响。[1] 相比于中国，欧洲历史上并未出现跟士阶层相当的政治社会阶层。相反，西罗马帝国解体之后，既掌握武力资源又掌握土地资源的贵族阶层一直是欧洲中古政治的中坚力量。中国自秦以后亦未长期存在这样一个既掌握武力资源又掌握土地资源的稳定的封建领主阶层。这可能也是中国与欧洲政治演化路径分化的重大单一因素。[2]

　　最后，在思想上，春秋战国时期的显著特征就是

1　金观涛、赵鼎新、王裕华等人的研究都认为，士阶层的形成及其理念与行为，对于古代中国政治维持某种特定的结构与稳定性有着重要的作用，参见金观涛、刘青峰《兴盛与危机：论中国社会超稳定结构》，法律出版社，2011 年；赵鼎新《儒法国家：中国历史新论》，徐峰、巨桐译，浙江大学出版社，2022 年；Yuhua Wang, *The Rise and Fall of Imperial China: The Social Origins of State Development*, Princeton: Princeton University Press, 2022.

2　有一种观点认为，中国中古也是贵族政治。日本中国学权威内藤湖南的观点是，中国的贵族政治始于六朝，止于唐朝中期，但他同时认为，中国的贵族政治不同于"以武人为中心的封建政治"。参见内藤湖南《中国史通论》（中），夏应元、钱婉约译，九州出版社，2023 年，第 103 页。

以孔子、老子、韩非等人为代表的诸子百家的兴起。诸子关注的问题及其提出的理论与解决方案各不相同，但他们普遍都关心：在春秋战国这一大转型时期，到底应该构建何种政治秩序？君主应该如何治理国家？应该实行何种治国方案？又如何实现"天下善治"？

思想家与哲学家们恰恰在这些重大问题上形成了互相竞争的理论。尽管面对同样的事实，但诸子形成了完全不同的认知，他们通过著述表达了各自不同的问题意识、分析框架与思维方法，甚至还给君主们提供了不同的治国方案。这就构成了早期中国不同的政治想象。

总的来看，诸子百家的理论争鸣开创了中国古代思想史与观念史上的黄金时代。此后，在 1840 年代的中西碰撞之前，中国后世学者与士人大体上都很难超越先秦诸子当年的问题意识与认知边界。[1]

关于诸子百家，一个标志性的机构是齐国齐桓公（前 685—前 643 在位）于公元前 4 世纪创办的稷下学宫，地理位置位于今天山东省淄博市临淄区境内。这是中国目前有资料记载的最早的官办高等学术机构。特别是到了齐宣王（前 320—前 301 年在位）时期，齐国在稷下扩置学宫，网罗招募了儒家、道家、法家、名家、

1　蒋伯潜：《诸子通考》，中华书局，2016 年。

兵家、农家、阴阳家等各家名士，在此讲学。其中的佼佼者包括荀子、邹衍、慎到、淳于髡等人。一时之间，稷下学宫形成了自由研究和辩论的学风，造就了百家争鸣的壮观局面。

当时所谓百家，其实包括了春秋战国时期的各家各派，其中较具代表性的包括儒家、法家、道家、墨家、名家、阴阳家、纵横家、兵家、杂家等。但影响最为深远的主要是三家，即儒家、法家与道家。[1] 这三家最具代表性的思想家分别是儒家的孔子与孟子、法家的商鞅与韩非、道家的老子与庄子。这几位思想家也都是中国轴心时代在思想与哲学领域的杰出代表者，深远地影响了中国人此后两千年的精神世界与观念体系。

理解先哲学说的路径：旧与新

本书的主题是中国轴心时代的政治理论。按照传统学科分类，本书研究的是中国古代政治思想史。关

---

[1] 在中国古代思想文化史的研究中，佛教往往也居于比较重要的地位，甚至有学者将中国的文化传统总结为"儒、释、道"三家。但佛教或佛家对于中国古典文明而言，属于外来文化，其源头在印度，对中国的早期影响产生在东汉，从魏晋南北朝到隋唐时期则影响日盛。本书主要关注的是轴心时代中国的政治理论，所以，本书不把佛教或佛学作为一个论述重点。相关研究参见葛兆光《中国思想史（第一卷）：七世纪前中国的知识、思想与信仰世界》，第341—407页。

于中国古代政治思想史，从民国至今，国内学界已经出现了许多重要的、较具代表性的研究，既包括对于各家各派的专门研究，又包括从先秦至晚清的通史性政治思想史研究。一般来说，前者往往数量众多，议题庞杂，难以一一罗列，后文如有涉猎，还会再作讨论。后者主要是几部出自大家之手的中国政治思想史，特别是萧公权所著的《中国政治思想史》、陶希圣所著的《中国政治思想史》以及刘泽华领衔所著的《中国政治思想史》。[1]

这几部中国政治思想史尽管各具特色，篇幅不等，侧重不同，但大体上都沿袭了目前政治思想史的主流研究路径。其基本方法是，以主要思想家的著述为基础，根据这些著述的主题分列篇目，然后进行诠释、总结与评析。

萧公权所著的《中国政治思想史》用一个高水平的长绪论，说明他在宏观上对中国政治思想史的理解，

1　此外，中国政治思想史的相关著作。还可参见吕思勉《中国政治思想史》，北京出版社，2016年；吕振羽《中国政治思想史》，商务印书馆，2022年；萨孟武《中国政治思想史》，东方出版社，2008年；张星久《中国政治思想史（古代部分）》，复旦大学出版社，2017年；江荣海主编《中国政治思想史九讲》，北京大学出版社，2010年；曹德本主编《中国政治思想史》，高等教育出版社，2004年。两部非典型的中国古代政治思想史研究，参见张铭根《观念的变迁：中国古代政治思想的演变》，叶梦怡译，浙江人民出版社，2022年；童强《中国政治思想史》，南京大学出版社，2018年。

然后以五个时期来区分中国政治思想的演进，即封建天下之政治思想（创造时期）、专制天下之政治思想（因袭时期）、专制天下之政治思想（转变时期）、近代国家之政治思想（转变时期）以及内容缺失的近代国家之政治思想（成熟时期），颇具特色。但在具体讨论主要思想家的政治思想时，萧公权仍然采用的是较为传统的主流研究路径。

比如，以孔子为例，萧著《中国政治思想史》将其列入第二章，除了第一节介绍"孔子之身世及时代"，其余五节分别讨论孔子在五个方面的主要论述，包括"从周与正名""仁""德礼政刑""君子""大同小康与三世"。在具体政治思想论述部分，萧著的特点是先介绍孔子说了什么，然后分析孔子为什么这么说，最后再给予扼要的评论。[1]

陶希圣所著的《中国政治思想史》共分为"自然状态""氏族时代""王权时代""士族时代""王权再建时代"五编，时间跨度是从远古到晚明。陶著的特点是，每一编的开头或中间都会介绍所涉时期的时代背景与社会条件，然后以大思想家与流派为主，解读政治思想。

---

1   萧公权：《中国政治思想史》，新星出版社，2010年，第33—55页。

　　比如，以老子、庄子为例，陶著《中国政治思想史》
将其列入第三编"王权时代"之第四章第三、第四节，
第三节老子的内容条目分为"总说""道""商业王国
之否定——小农自给社会""处世的方法"等五个主题，
第四节庄子的内容条目分为"庄子与老子""万物变动
问题——生与死""相对绝对问题——是与非"、"空间
时间问题——大小及寿夭""万物同异问题——万物一
体论""不治之治及无用之用"等六个主题。在具体论
述部分，陶著基本上以引用和诠释老子与庄子著述的
原文为主，诠释部分尽可能少而精练。[1]

　　刘泽华领衔所著的《中国政治思想史》共分为"先
秦""秦汉魏晋南北朝""隋唐宋元明清"三卷。就具
体内容而言，该书有的章节以特定时期的政治思想与
思潮为主，有的章节以特定思想流派或思想家的思想
为主。以先秦法家为例，刘著第一卷的第六章题目为"法
家以法、势、术为中心的政治思想"，总篇幅约八十余页，
分为"法家概述"以及与李悝、慎到、申不害《商君书》、
韩非相关的共六节。

　　关于《商君书》的第五节又分为"商鞅与《商君

---

[1]　陶希圣：《中国政治思想史》（上），中国大百科全书出版社，第100—
　　126页。

书》""政治思想的理论基础""耕战思想""法治、利出一孔和弱民论""结语"。关于韩非的第六节又分为"韩非与《韩非子》""韩非政治思想的理论基础""君利中心论""势、法、术与君主绝对专制主义""抑制重臣""重本抑末思想""言轨于法，以吏为师，禁绝百家""结语"。在写作风格上，刘著的基本做法就是根据《商君书》和《韩非子》的论述主题，用自己的语言分门别类进行论述，再借助从两部典籍中摘取的原文作为佐证材料。[1]

所以，总体上，中国政治思想史的传统研究路径，就是以思想家的著述为主，根据主题分门别类进行梳理，然后在此基础上进行分析与评论。这一研究路径也带来了不少问题。

第一，这些作品主要关注的是思想史本身，而较少全面系统地讨论政治史。即便讨论了思想生成的背景，但还是以经济社会条件为主。问题是，不对思想生成时期的政治史进行全面、系统而深入的讨论，往往很难理解嵌入在这一时代的政治思想。

当然，西方的政治思想史也存在着两种主要研究

1　刘泽华主编：《中国政治思想史　先秦卷》浙江人民出版社，2020年，第275—327页。

路径的竞争。一种路径更注重文本本身，强调对文本的
理解与诠释；另一种路径则更注重文本与政治历史情
境的互动，强调政治历史情境对于文本的重要性。前者
以列奥·施特劳斯所著的《政治哲学史》为代表，后
者以乔治·萨拜因所著的《政治学说史》为代表。[1]在
我看来，对政治史的讨论不够充分，这限制了中国政
治思想史的研究空间。

　　第二，这些作品的重点是对经典思想的诠释，但
对思想的反思往往是不够的。正如前面提到的，这些作
品在论述大思想家的思想时，一般遵循一个较为固定
的格式：一是他们说了什么，二是他们这么说到底是什
么意思，三是他们为什么这么说，四是再进行少许的
评论。大体上，这些传统研究路径在写作风格上是以"原
文引用—原文诠释—作者意图分析—简要评述"为主。

　　尽管有的作品在评判部分也对大思想家的思想有
一些反思，但通常是就事论事、浅尝辄止，缺少对大
思想家及其思想的系统反思。这大体上是中国古代政
治思想史主流研究路径的通病。即便有的作品对个别

1　两种路径，参见列奥·施特劳斯、约瑟夫·克罗波西《政治哲学史》（第
　　三版），李洪润等译，法律出版社，2009年；乔治·萨拜因《政治学说史》
　　（第四版，两册），托马斯·索尔森修订，邓正来译，上海人民出版社，
　　2015年。

大思想家的著述有所批判，但很多批判也是大而化之，比如批判韩非的思想是绝对君主专制主义，但这种批判很少是基于严格的文本分析和严密的逻辑推导。

第三，这些作品往往只基于中国古代政治的限定条件来论述中国古代政治思想。这样做当然是可以理解的，因为中国古代政治思想是中国古代政治的产物。但问题是，我们今天再研究中国古代政治思想史，如果不是出于纯粹的思想史兴趣，这样做一定还需要某种现实意义作为支撑。

我们现在大体上关注的，是从 20 世纪到 21 世纪以来的诸种政治问题。所以，如果说中国古代政治思想史的研究对今日或未来还有什么价值的话，那么它就不能只聚焦于中国古代政治的情境与议题。否则，这样的研究，对绝大部分非专业人士而言，将会丧失吸引力与影响力。就此而言，中国古代政治思想史研究还亟需回答的问题是：这种研究在已经发生重大转换的空间与时间条件下是否还具有重要意义。

与之相比，哈佛大学格雷厄姆·艾利森教授基于修昔底德《伯罗奔尼撒战争史》这一经典文本，提出了"修昔底德陷阱"的概念，并以此概念来分析中美之间可能的竞争与冲突，引发了全球学界的热议和反思。实际上，整部《伯罗奔尼撒战争史》对艾利森最具冲击力的话

就是："使战争不可避免的真正原因是雅典势力的增长
以及因此而引起的斯巴达的恐惧。"这种让遥远的古代
政治思想焕发出现代活力的前提是，学者们需要在古
老政治思想与当代政治现实之间建立起某种关联。但
中国古代政治思想史的主流研究路径，往往忽略这样
的关联，或无力构建起这样的关联。这无疑限制了中
国古代政治思想史的研究前景。

中国轴心时代的儒家、法家与道家

本书试图超越中国政治思想史的传统研究路径，而
以一种全新的路径和方法来重新理解中国轴心时代的
政治理论。这里首先需要交代的是，关于诸子百家的
典籍与后世研究文献可谓汗牛充栋。这部作品不仅无
力做到全部覆盖，而且由于本书主要关注的是中国轴
心时代三大主要流派的政治理论，所以，本书主要依
赖的文本是这一时期儒家、法家、道家主要代表人物
的代表性著述，参见表 1.1。

表 1.1 儒家、法家、道家的主要代表人物及其经典

思想流派	代表人物	代表作	作品简介	真伪考
儒家	孔子（前 551—前 479）	《论语》	孔子弟子撰述的以孔子言行为主的言论汇编	孔子及其弟子真作，争议小
儒家	孟子（前 390—前 305）	《孟子》	孟子的言论汇编，由孟子及其弟子共同编撰	孟子真作，争议小
法家	商鞅（前 390—前 338）	《商君书》	商鞅及其后学的著述汇编，主要论述变法措施	有人认为是伪书，有人认为大体反映商鞅思想与变法措施，本书采纳后者主张
法家	韩非（前 280—前 233）	《韩非子》	韩非及其后学的著述汇编，法家思想集大成作品	主流意见认为少数关键篇章确定为真作，其余可能是后人编撰
道家	老子（？—？）	《道德经》	一般认为是老子的著述，部分或系后人编撰	大体为老子真作，但老子身份存疑
道家	庄子（前 365—前 290）	《庄子》	庄子及其后学的著述汇编，内外杂篇有所不同	一般认为内篇为庄子所著，其他篇目可能系后人编撰

说明：（1）该表所列六位思想家的生卒年份，除老子一人外，主要参考钱穆的研究，参见钱穆《先秦诸子系年》，北京：商务印书馆，2015 年。诸子生卒年份汇总表，见该书第 693—698 页，此表中生卒年份的大致范围最难确定属老子，即《道德经》的作者。

（接上页）《道德经》的成书年代以及作者究竟是何人，目前仍无十分确信的证据。司马迁著《史记·老子韩非列传》时，就语焉不详，这意味着司马迁所处的西汉较早时期，老子与《道德经》的确切状况已经是一个谜团。参见《史记》（三），裴骃集解、司马贞索隐、张守节正义，上海古籍出版社，2011年，第1897—1899页。钱穆认为，"战国言老子，大略可指者，凡得三人"，而"今传道德五千言者，又出何人之手……已无可确指"，其成书年代"断在孔子后"，甚至在"庄周之学既盛"之后。参见钱穆《先秦诸子系年》，第233—261页。假如《道德经》存在着一个主要著作的作者，按照葛兆光的看法，思想与信仰世界，他应该是战国中期，而其反映的则应当是……战国前期或早期的人物。基于《老子》郭店简版本的研究，他认为：七世纪前中国的知识、思想与信仰世界，已经有《老子》五千言，已经可以断定，至晚在战国中期，《老子》在社会上流传了。……把《老子》形成的时代定在战国早期，还是比较合理的。如果《老子》五千言，在社会上流传了几十年。参见葛兆光《中国思想史》（第一卷），第113页。基于《老子》郭店简，其成书年代很可能在战国早期，第16—17页。但如果将公元前5世纪中叶（比如公元前450年）认定为该书可能生活于战国早期，那么该书作者生活在春秋晚期，据此判断，《道德经》的作者很可能生活在春秋晚期。参见裴锡圭《老子今研》，中西书局，2021年，第126页。（2）关于春秋晚期都具有合理性。但亦不能排除其生活在春秋晚期，一处则称《老子》是春秋晚期思想家老聃的一部语录，可谓众说纷纭，可参见以下作品的真伪考证，这六部作品不同篇章的作者甄别与年代考证部分，包括蒋伯潜著《诸子通考》，生活·读书·新知三联书店，2016年；胡适《中国哲学史》，商务印书馆，2011年；劳思光《新编中国哲学史》（增订本）（第一卷），生活·读书·新知三联书店，2019年。

裴锡圭确认战国时代五千言所传弟子或老聃的成书时间，其成书年代很可能在战国早期或春秋晚期或另前五世纪中叶或稍晚一些的时候，下距郭店《老子》简是较为合理的。

　　该表将孔子与孟子及其代表作《论语》和《孟子》作为研究儒家政治理论的主要对象，这应该是完全可以理解的。有人或许认为，儒家政治理论还应该包括荀子的主要著述，即《荀子》。这种观点是有道理的。但荀子又是承儒启法的思想家，所以，本书既不把荀子视为儒家主要代表人物，又不把他视为法家主要代表人物。本书的做法是借助具体的论述来讨论与分析荀子的政治理论。

　　至于法家，有的研究将管仲和申不害置于非常重要的地位。这种观点也是有道理的。但管仲在齐国推行的改革，很难说是一场标准意义上的法家改革。就实践家而言，其后秦国的商鞅显然是更具代表性的法家改革家。另外，《管子》一书的成书年代与真伪争议颇大。[1] 申不害固然是战国时期极重要的法家政治家与思想家，他不仅在韩国韩昭侯时期成功推行了法家改革，而且著有《申子》一书——《汉书·艺文志》称有"申子六篇"，但全都亡佚了。目前关于申不害法家思想与政治理论的研究，主要来自于其他旁证文献。[2] 所以，本书将商鞅与韩非及相关著述《商君书》《韩非子》

1　黎翔凤：《管子校注》（全 2 册），梁运华整理，中华书局，2020 年。
2　顾立雅：《申不害：公元前四世纪中国的政治哲学家》，马腾译，江苏人民出版社，2019 年。

作为研究法家政治理论的主要对象。

本书将老子与庄子及其代表作《道德经》《庄子》作为研究道家政治理论的主要对象，就无须赘述理由了。当然，这项研究实际涉及的思想家与文献，远不限于该表所列。

还需要说明的是，在春秋战国时期，特别是在孟子所处的时代，墨子和杨朱可算得上是另外两位影响重大的思想家。孟子这样批判他自己所处的时代："圣王不作，诸侯放恣，处士横议，杨朱、墨翟之言盈天下。"[1]可见，墨、杨两家在当时的影响力。墨子主张兼爱、非攻、尚同、尚贤。[2]杨朱主张"人人不损一毫，人人不利天下，天下治矣"。[3]从文献与文本上看，杨朱之学后来基本失传了。墨子尽管留下了篇幅较长的《墨子》一书，但至战国末期与秦汉统一，墨家的影响力急剧下降，后来就成了无足轻重的一个流派。[4]这也是本书主要研究

1 朱熹撰：《四书章句集注》，中华书局，2019年，第253页。

2 孙诒让：《墨子间诂》，孙启治点校，中华书局，2021年。

3 胡适：《中国哲学史》，商务印书馆，2011年，第142—148页。

4 关于墨家学说的政治思想史研究，参见萧公权《中国政治思想史》，第82—106页；刘泽华主编《中国政治思想史》，第412—434页。关于墨家后来的快速衰落，胡适的解释包括儒家的反对、政客的猜忌、墨家的诡辩化，钱穆则更强调从先秦到秦汉的社会结构重大变化，葛兆光则认为是技术中心的转向及过分实用化的倾向，参见胡适《中国哲学史》，第201—203页；钱穆《墨子 惠施公孙龙》，九州出版社，2019年，第66—68页；葛兆光《中国思想史（第一卷）：七世纪前中国的知识、思想与信仰世界》，第101—102页。

儒法道三家政治理论的原因。

从文本解读到逻辑反思

　　总体上，本书试图基于这些经典文本，结合政治史，借鉴社会科学方法，以古今中西比较的视角，用新方法来对中国轴心时代儒法道三家的政治理论进行全新解读，并以严密的逻辑进行反思。具体而言，本书尝试用一个新的分析框架来对儒法道三家的政治理论进行文本解读和逻辑反思，参见表1.2。

表1.2　理解儒家、法家、道家政治理论的分析框架

分析类别	关键要素	具体意涵
文本解读	问题意识	面对相似的变局，有何种不同的问题意识？
	理论解释	如何解释既有的问题？何种理论路径？
	政治解决方案	何种改善现实、达成政治目标的政治解决方案？
	理想社会模型	何种应然意义上的理想社会模型或乌托邦？
逻辑反思	基本人性假设	基于何种人性论？
	个群关系假设	基于何种个人与群体基本关系的假设？
	理论的优势	具有何种政治功能？为何能扩散与传承？
	逻辑的反思	理论观点的背后存在哪些逻辑问题？

这一分析框架分为两个部分：第一部分是对儒家、法家、道家的典籍进行文本解读，着重讨论这些思想流派的问题意识、理论解释、政治解决方案与理想社会模式；第二部分是对儒家、法家、道家的政治理论进行逻辑反思，着重关注这些思想流派的基本人性假设、个群关系（个体—群体关系）假设、可能的理论优势以及在核心逻辑上存在哪些问题。

借助这一分析框架，本书试图以一种全新的方法来理解儒家、法家、道家的政治理论。

这里需要特别说明的是，为了对儒法道三家的政治理论进行条分缕析的分析，作者主要关注的是这三大思想流派之间的特性与差异，而较少讨论它们之间的互相关联以及历史上的互相演化、催生与渗透。实际上，对于儒法道这三大思想流派内在微妙关系的洞察，也不是本书的研究主旨所在。[1] 在本书的研究和写作过程中，一个难题是处理荀子这一儒法之间、由儒入法的关键思想家。为了避免转移研究主旨，作者特地将荀子放在本书最后一章加以重点讨论。[2]

---

[1] 关于"由儒入法"和"道法转换"的观点，参见葛兆光《中国思想史（第一卷）：七世纪前中国的知识、思想与信仰世界》，第153—156、161—163页。

[2] 荀子作品，参见王先谦《荀子集解》，沈啸寰、王星贤整理，中华书局，2012年。

文本解读

　　首先，本书关注的是这三大主要思想流派的问题意识到底是什么。表1.1所列的六位代表性思想家与哲学家中，孔子身处春秋时期，老子大体上是战国早期，商鞅、孟子、庄子、韩非等都是战国时期。春秋战国时期本身就是中国政治演化史上的千年未有之大变局。周的制度趋于土崩瓦解，诸侯之间面临着长期的冲突与战争，诸侯国内还面临着君主与贵族的权力角逐，到了战国晚期更是迎来君主制中央集权官僚国家呼之欲出的局面。所以，对生活在同一时代的思想家与哲学家来说，他们所面对的大变局是相似的。差别在于，不同的思想家与哲学家的问题意识是不一样的。面对同样的事实，不同的思想家与哲学家关注的却是不同的问题，并以不同的视角来理解这些问题。这也是诸种思想流派分化的一个根本原因。

　　其次，既然思想家与哲学家在面对大变局时提出了问题，那么他们如何在理论上解释这些问题呢？这就关系到不同思想流派对于重大政治现象与重大问题的理论解释。古代许多思想家论述问题的结构是较为松散的，他们甚至没有明确认识到自己是在给政治现象提供理论解释。但在本书的分析框架中，这些思想家各种或系统或零散的论述，被总结提炼为他们对重大政治现象究竟提供了何种基于因果关系的解释，即是什么原因导致了这样的政治现象或政治问题。实际上，儒家、法家与道家之所以成为不同的思想流派，一个重要原因就在于他们对于许多重大政治现象的理论解释是不一样的。这部分的分析具有较强的社会科学视角，并试图以今日社会科学的理论与方法作为参照，来理解与评析这些思想家在理论上的解释力与洞察力。

再次，思想家与哲学家仅仅对政治现象提供理论解释是不够的，他们还要提供问题的解决方案。既然现实并不完美，既然天下面临着大变局，又该怎么办呢？德国思想家卡尔·马克思说："哲学家们只是用不同的方式解释世界，而问题在于改变世界。"[1]在春秋战国时期，各个主要思想流派的代表人物大体上都提出了一套关于如何改善现实的方案与方法。他们不仅要提出自己的救世治国方案或政治解决方案，而且还要充分论证自己的方案优于别人的方案。进一步说，他们还要向当时的整个社会——特别是向手握大权的君主——鼓吹与推销自己的政治解决方案。当然，儒家、

1　马克思、恩格斯：《马克思恩格斯文集》（第1卷），中共中央马克思恩格斯列宁斯大林著作编译局译，人民出版社，2009年，第502页。

法家与道家的政治解决方案差异是很大的。不仅如此，在鼓吹与推销自己的救世治国方案上，儒家和法家要更为积极，道家则淡泊得多，这也跟道家本身的价值取向有关。

最后，本书还重点关注儒家、法家与道家的理想社会模型为何。接续上文的讨论，既然思想家与哲学家提出了一套救世或治国的政治解决方案，那么他们通常也会论述，如果他们自己的政治解决方案得以实施，将会出现一个什么样的理想社会。当然，不同思想流派对何谓理想社会的理解是完全不同的。儒家的理想社会完全不同于法家，法家的理想社会又完全不同于道家。今天，人们常常喜欢把想象中的理想社会称为"乌托邦"。政治思想家眼中的理想社会，可以称之为"政治乌托邦"。在20世纪以来的政治哲学中，乌托邦常常有一种难以实现甚至不切实际的意味。但从积极意义上看，政治乌托邦又为生活在现实世界的人们提供了某种理想模型或标杆，可以作为不断努力与持续改善的一个方向。

逻辑反思

首先，本书要挖掘的是儒家、法家与道家不同的基本人性预设。基本人性假设或者人性论，对任何理论都是非常重要的。人是万物之灵，但我们想要理解这个世界，想要给这个世界提供政治解决方案，首先要回答的就是，人到底是一个什么样的物种？这就关系到基本的人性假设。无论是性本善，性本恶，还是性本无，不同的人性论都会影响思想家与哲学家对世界、对社会的基本看法。儒家、法家与道家政治理论的分野，其实很大程度上就是因为这些思想流派秉承着不同的人性论，或不同的基本人性假设。

其次，本书还试图解构儒家、法家与道家的个群关系假设。这里的个群关系，就是个体与群体的关系。跟个体与群体关系密切相关的，还有国家与社会的关系、政府与市场的关系，等等。后面的讨论会呈现，不同的主要思想流派不仅有着完全不同的人性假设，而且对个体与群体关系的看法差异巨大。比如，就英国普通法传统来说，个人及其权利被置于较为崇高的地位，政治权力的扩张和对个人的干涉是需要充分论证的事情。这意味着，在近代英国传统中，在个体与群体的关系上，个体拥有某种优先位置。[1] 那么，儒家、法家与道家分别有着怎样的个体与群体关系假设呢？这种个群关系

1　威廉·布莱克斯通:《英国法释义》(第一卷)，游云庭、缪苗译，上海人民出版社，2006年。

的假设又如何影响他们的基本政治观点呢？这是本书后面会专门讨论的问题。

再次，本书还要分析为什么儒家、法家与道家的思想与学说能广为传播并流传后世。要知道，特别是战国时期，中国思想界呈现出百家争鸣的局面，儒家、法家、道家、墨家、名家、阴阳家、纵横家、兵家、杂家等都是较有影响力的思想流派。其实，当时还有许多规模与影响力更小的思想学派和思想家。问题是，在诸子的竞争中，为什么主要是儒家、法家和道家最后成了中国轴心时代思想与哲学的中流砥柱，并支配了后世中国人的精神与观念世界呢？简而言之，这大体上跟两个因素有关：一是这三个思想流派的政治理论与哲学思想本身，二是这些思想流派跟特定社会或时代诉求的匹配性。

最后，本书的最大特色是会系统检讨儒家、法家与道家政治理论的逻辑问题。无论是儒家的代表人物孔子与孟子，或是法家的代表人物商鞅与韩非，还是道家的代表人物老子与庄子，在提出问题、提供理论解释、提出政治解决方案，以及构想理想社会模型时，他们是以合乎逻辑的方式阐述或呈现的吗？还是说，他们的政治理论本身就存在着许多逻辑上不自洽的地方？如果这些理论本身存在较多的逻辑问题，那么我们又凭什么相信这些理论呢？本书会对中国轴心时代的政治理论进行基于严密逻辑分析的大胆检讨与反思。总体上，我们的老祖宗在许多方面都很伟大，但他们的逻辑能力是偏弱的。[1]就三大主流思想流派来说，法家的逻辑性略强一些，儒家和道家的逻辑性就要更弱，儒法之间的荀子在逻辑上就要强于孔子与孟子。当然，即便一种主流的政治理论在逻辑上存有较大缺陷，也并不意味着这种理论就没有价值。

* * *

　　本书主要为理解中国轴心时代的主要政治理论提供一个新的分析框架。用这样的方法去解读和剖析中国古代政治理论，是期待能跳出传统中国古代政治思想史以诠释为主的路径。这种传统路径固然有不少优点，但容易导致出现这样一个问题：后世学者在研读中国古代政治思想史时，一旦读进去以后，就出不来了——我们常常只能沉浸在古典文献里，进行小心翼翼地诠释，而无力对其做全面系统的检讨与反思。在本书看来，

1　葛瑞汉认为，中国与希腊传统的重要差异在于对逻辑的重视程度不同，希腊传统非常重视逻辑，而中国则不然。葛瑞汉：《论道者：中国古代哲学论辩》，第8—9页。

这恰恰是一种学术误区。当然，中国政治思想史领域的许多学者未必同意本书的研究与写作路径，甚至可能会对这种新框架嗤之以鼻。我并不追求所有的优秀学者都能认同本书的框架，我只是期待他们能对本书的这种全新思路、路径与尝试抱有一份宽容。

第二章

儒家的政治想象：礼制与仁政

天下有道，则礼乐征伐自天子出；天下无道，则礼乐征伐自诸侯出。自诸侯出，盖十世希不失矣；自大夫出，五世希不失矣；陪臣执国命，三世希不失矣。天下有道，则政不在大夫。天下有道，则庶人不议。

《论语》

三代之得天下也以仁，其失天下也以不仁。国之所以废兴存亡者亦然。天子不仁，不保四海；诸侯不仁，不保社稷；卿大夫不仁，不保宗庙；士庶人不仁，不保四体。

《孟子》

一个"礼崩乐坏"的世界

　　关于春秋战国时期的儒家政治理论，传统政治思想史的写法是先简要梳理这一时期的历史背景，然后介绍孔子、孟子等主要代表人物的生平，再根据这些主要代表人物的重要著述进行分门别类的诠释和评析。

　　不同于传统的政治思想史路径，本书的分析框架主要从四个方面入手来对这一时期的儒家政治理论进行解构，即问题意识、理论解释、解决方案与理想社会，然后再对该派政治理论的基本人性假设、个体与群体关系假设、理论的优势与逻辑的问题进行讨论与反思。这样，对儒家政治理论的理解，本书的重点不在于一个个闪光但零散的思想观点，而是对其做出一种系统而宏观的整体把握。

　　当然，关于孔子与孟子的生平，本书同样需要做一个讨论。关于孔子的生平，基于《史记·孔子世家》，一部流行的《春秋史》对此作了简明扼要的介绍：

> 　　孔子（前551—前479），因"生而首上圩顶，
> 故名曰丘云"[1]（《史记·孔子世家》），字仲尼。春秋

---

[1] 孔子"生而首上圩（wéi）顶，故名曰丘云"，这句话的意思是说，孔子生下来头顶有一块凹陷，所以起名为丘。

后期鲁国陬邑（今山东曲阜东南）人。其先世是宋国贵族，本为殷后、子姓，孔乃其氏。父亲叔梁纥，曾为鲁国陬邑大夫，即《左传》襄公十年出现的"陬人纥"。

孔子年少时"贫且贱"，及长，始历仕途。任过"委吏"（管仓库）、"乘田"（管畜牧）等微职。同时四出游学，学无常师。据文献记载，他曾问礼于老聃，学乐于苌弘，学琴于师襄子。

中年时开始聚徒讲学，并从事政治活动。因提倡"克己复礼"（西周之礼），幻想恢复西周社会的政治礼仪制度，与当时社会风起云涌的变革形势不相适应，故其政治主张得不到统治者的呼应，政治上极不得意，仕途颇多坎坷。

唯鲁定公信仰其说，他得以出现在政治舞台上。公元前 501 年，孔子时年五十，被任命为中都宰（鲁国都城长官）。不久擢为司空（主理工程），由大司空又为大司寇（主刑法）。鲁定公十四年，孔子年五十六，由大司寇并"摄相事"（《史记·孔子世家》），开始"与闻国事"，达到了他政治生涯的巅峰。

治国期间取得一定政绩，但因政治观念不被君侯所接受，最终离开鲁国。遂又周游卫、曹、宋、郑、陈、蔡、楚等国，寻求政治发展，称："如有用我者，吾其为东周乎？"终不得其愿。

公元前 482 年，孔子年届七十，回到鲁国，开始潜心授业与著述。相传《诗》《书》、《礼》《易》《春秋》等多种古代文献都经过他的整理和删修。授徒成绩斐然，所传弟子先后多达三千人，其中受业"具身通六艺者"七十余人。公元前 479 年去世，卒年七十三岁。[1]

从这段生平文字来看，孔子较为长寿的一生主要做了四件事情：一是鲁国为官，鲁定公年间一度出任大司寇并"摄相事"；二是周游列国，推广自己的治国学说与方案；三是开科授徒，相传弟子三千余人，贤者七十二人；四是编撰图书，著书立说，其中流传后世的《论语》为孔子及其弟子的言论集，系儒家最重要的典籍。

如果参照起源于古希腊和古罗马的西方文明传统，孔子的地位大致相当于古希腊的柏拉图（前 429—前 347）。尽管柏拉图与孔子身处中西两地，前后相距一

---

1 顾德融、朱顺龙：《春秋史》，第 400—401 页。格式内容略有调整。史料参见司马迁《史记》（卷三·孔子世家），裴骃集解，司马贞索隐，张守节正义，上海古籍出版社，2011 年，第 1707—1742 页。下文凡涉及《史记》直接引用的，未特别注明者，皆引自该版本。

个多世纪，职业身份也有差异，但柏拉图也做过三件事：一是著书立说，只是其著述量要远大于孔子；二是办学授徒，其在雅典城西北角创办的柏拉图学院或学园（Plato Academy）系西方最早的高等教育机构；三是推广自己首创并笃信的治国学说，相传柏拉图多次前往叙拉古（不同于雅典的另一个较大城邦）推销自己的政治方案，并像孔子一般陷入困境。[1] 这两位轴心时代的中西圣哲的相似性，很是耐人寻味。

孔子身处春秋晚期，正是周朝的制度礼仪逐渐趋于瓦解的时代。简而言之，孔子的问题意识源自他所看到的是一个礼崩乐坏的世界。他所考虑的目标，是如何在这个礼崩乐坏世界重建一个良善的政治秩序，或者说如何回到那个过去以周朝的制度礼仪为代表的美好世界。

在春秋晚期孔子所生活的时代，他目力所及，可以说到处都是礼崩乐坏的迹象。择其要者，孔子关注的现象主要包括：

一、犯上作乱。比如，孔子说："其为人也孝弟，而好犯上者，鲜矣；不好犯上，而好作乱者，未之有也。君子务本，本立而道生。孝弟也者，其为仁之本与！"

1　乔治·萨拜因：《政治学说史》（上卷），第67—124页。

（《论语·学而》）[1]

孔子在此直接讨论的是"孝"和"弟"，"孝"就是善事父母，"弟"就是善事兄长，而他指向的是作乱。在他看来，不犯上的人也不会作乱。所以，他关注的问题是春秋时期许多诸侯国出现的犯上作乱的现象。总有人想犯上作乱，违背周礼祖制，这就导致周礼被废弃，是一种礼崩乐坏的现象。

二、有违礼制。《论语·八佾》记载了这样一则言论："孔子谓季氏：'八佾舞于庭，是可忍也，孰不可忍也？'"这则言论只有非常简单的 19 个字，却包含了非常丰富的思想内涵。这里的季氏，即鲁国大夫季孙氏或季桓子（？—前 492）。这一事件的背景又跟"鲁国三桓"有关，即鲁国历史上鲁桓公后代的三个卿大夫家族季孙氏、叔孙氏、孟孙氏，他们把持了鲁国朝政的局面。其中，季孙氏又是"三桓"中实力最强的卿大夫家族。

按照周朝礼制，天子、诸侯、卿大夫是统治集团三个不同的等级。佾，是指舞列，周朝礼制的政治规矩是"天子八、诸侯六、大夫四、士二"。这里的"八佾"，是一种八行乘八列排布的舞蹈，是周天子的礼仪。

1　本书所引《论语》为朱熹编定的《四书章句集注》版的《论语》，参见朱熹《四书章句集注》，第 43—181 页。下文凡涉及《论语》直接引用的，仅在正文标注篇目，不再加脚注及页码。

季孙氏的身份只是鲁国的卿大夫，"八佾舞于庭"是在礼制上构成了双重僭越。孔子是一个极度推崇周朝礼制的思想家，这种有违礼制的现象在他看来就是"是可忍也，孰不可忍也"。

三、天下无道。孔子所谓的有道无道，很大程度上也跟是否遵循礼制有关。遵循礼制，是为有道；有违礼制，是为无道。孔子说："天下有道，则礼乐征伐自天子出；天下无道，则礼乐征伐自诸侯出。"（《论语·季氏》）

孔子这里强调的是周朝礼仪制度下的等级秩序。在"天下"的层面，礼乐征伐自天子出，而不是自诸侯出，这意味着政治大权掌握在天子手中，才算有道。在"诸侯"的层面，政不在大夫，而在诸侯，这才算有道。但孔子看到的现实却是，诸侯凭借其实力以下犯上，侵夺周朝礼制下原本属于天子的权力；卿大夫凭借其实力以下犯上，也侵夺周朝礼制下原本属于诸侯的权力。

四、朝纲不振。《论语·微子》记载了这样一个事件："齐人归女乐，季桓子受之，三日不朝，孔子行。"《史记·孔子世家》则对此有更为详细的记载：

　　齐人闻而惧，曰："孔子为政必霸，霸则吾地近焉。"……于是选齐国中女子好者八十人，皆衣

文衣而舞康乐，文马三十驷，遗鲁君。陈女乐文马
于鲁城南高门外。季桓子微服往观再三，将受，乃
语鲁君为周道游，往观终日，怠于政事。……桓子
卒受齐女乐，三日不听政；郊，又不致膰俎于大夫。
孔子遂行。[1]

这段文字的关键信息并不复杂，即齐国送女乐给
鲁国实际执政的卿大夫季桓子，即季孙氏，使得季桓子
三日不理朝政，当时做鲁国高官的孔子因此愤而离开
了鲁国都城。原因就在于，执政者怠于女色，朝纲不振。
这也是礼崩乐坏的现象。

五、周礼废弃。在孔子看来，防止礼崩乐坏的关
键是维持周朝的制度礼仪。一旦周朝礼制废弃，天下
就会大乱。就周朝礼制本身来说，孔子又特别推崇周
的创始君主周文王（前 1152—前 1056）和周武王（前
1076—前 1043）。《中庸》曰："仲尼祖述尧、舜，宪章
文、武。"[2]这句话的意思是，孔子以尧舜之道为祖而述之，
以文武之制为宪而章之。孔子常将周文王、周武王治
理国家的制度与礼仪统称为"文武之道"。《论语·子张》

1　司马迁：《史记》（卷三·孔子世家），第 1718 页。

2　朱熹：《四书章句集注》，第 38 页。

有这样的记载：

> 卫公孙朝问于子贡曰："仲尼焉学？"子贡曰："文武之道，未坠于地，在人。贤者识其大者，不贤者识其小者，莫不有文武之道焉。夫子焉不学？而亦何常师之有？"

这段文字是说，一个名叫公孙朝的贵族请教孔子的著名弟子子贡孔子的学问是从哪里来的。子贡给出的答案是，孔子的学问许多都来自文武之道，即周文王和周武王治理国家的制度与礼仪。子贡又强调，"文武之道未坠于地"的关键"在人"。相反，如果文武之道坠于地，就会出现周礼废弃的局面。这正是孔子常常担心的事情。

孔子是儒家的圣人，孟子则是儒家的亚圣，即仅次于孔子的圣人。关于孟子的生平，史书记载要比孔子的生平简略得多。

《史记·孟子荀卿列传》扼要地记述了孟子的生平事迹：

> 孟轲，驺人也。受业子思之门人。道既通，游事齐宣王，宣王不能用。适梁，梁惠王不果所言，

则见以为迂远而阔于事情。当是之时，秦用商君，
富国强兵；楚、魏用吴起，战胜弱敌；齐威王、宣
王用孙子、田忌之徒，而诸侯东面朝齐。天下方务
于合从连衡，以攻伐为贤，而孟轲乃述唐、虞、三
代之德，是以所如者不合。退而与万章之徒序诗书，
述仲尼之意，作孟子七篇。[1]

这段文字既简要介绍了孟子的生平，又讨论了孟
子所处时代的各国局势。简而言之，孟子曾求学于孔子
门生子思，得以大成，而后赴齐、梁等国推销儒家学
说和治国方案，但由于当时各主要诸侯国都急于事功，
普遍推行法家改革，孟子在推广儒家治国方案方面一
无所成，只好退而求其次，著书、讲学、授徒，留下《孟
子》七篇。

孔子的问题意识是如何在一个礼崩乐坏的世界重
建良善的政治秩序，而孟子的问题意识其实与之相似。
既然同为儒家，孔孟必定有其重要的相似性。但孔子与
孟子的关注点又存在显著的差异。总体而言，孔子更
关注春秋时期周朝制度礼仪趋于瓦解的秩序维度，而
孟子则更关注战乱频仍的战国时期的实际社会问题与

1　司马迁：《史记》（卷三），第 2065 页。

民间苦难。孟子当时关注的主要问题包括：

一、义利问题。《孟子》开篇就讨论了义利问题，后世学者常常将其称之为"义利之辩"。孟子认为，一个国家如果只讲求利，而不讲求义，秩序就会崩坏、国家就会危亡。在《孟子》开篇的《梁惠王上》中，孟子见到梁惠王首先就阐述了他的义利观。简而言之，就是"上下交征利而国危矣"。[1]在孟子看来，如果一个国家上上下下都讲利而不讲义，那将是非常危险的，会导致国家危亡。

二、饥寒贫富。孟子的一句名言是："庖有肥肉，厩有肥马，民有饥色，野有饿莩，此率兽而食人也！"孟子的这段话，将"民有饥色""野有饿莩"，跟"庖有肥肉""厩有肥马"做了对比，试图指出贫富悬殊是导致民间苦难的重要原因。孟子在前后讨论中还强调，民间苦难是不恰当的施政造成的。

三、失道无道。孟子关注的另一个重要问题是统治者或国家的失道与无道。这方面，孟子最著名的论断是《孟子·公孙丑下》中的"得道者多助，失道者寡助"。《孟子·离娄上》又曰："天下有道，小德役大德，小贤役大贤；

1　本书所引《孟子》为朱熹编定的《四书章句集注》版的《孟子》，参见朱熹《四书章句集注》，中华书局，2019 年，第 183—353 页。下文凡涉及《孟子》直接引用的，仅在正文标注篇目，不再加脚注及页码。

天下无道，小役大，弱役强。斯二者天也。顺天者存，逆天者亡。"如果统治者或国家在治理上失道或无道，结果自然是失民心，而失民心的结果往往就是失天下。

四、仁与不仁。在孟子的政治理论中，"仁"的概念居于核心地位。然而，在战国时期，又有多少统治者能够达到孟子所谓仁的标准呢？这是孟子关注的重要问题。《孟子·离娄上》曰："天子不仁，不保四海；诸侯不仁，不保社稷；卿大夫不仁，不保宗庙；士庶人不仁，不保四体。"在孟子眼中，无论是天子、诸侯、卿大夫，还是士人、庶人，不仁都会带来严重的危机。孟子反复论述仁与不仁的问题，无非是他看到了战国时代在这方面的诸多问题。

五、诸侯征伐。在春秋战国时代，不同诸侯之间的冲突与战争是一种常态。在孟子看来，诸侯之间的战争，既是对周朝既有制度和礼仪的破坏，又是脱离"仁"与"义"而诉诸暴力与实力的行为，还会导致许多现实的重大苦难。《孟子·尽心下》曰："春秋无义战。彼善于此，则有之矣。征者上伐下也，敌国不相征也。"在孟子的政治理论中，这种诸侯彼此征战的做法，本身就是理想政治秩序崩坏的表现。

《孟子·滕文公下》中，有位名叫公都子的问孟子："外人皆称夫子好辩，敢问何也？"孟子听到这个问题，颇有些无奈地讲了一长段话，这段话几乎可以算孟子的自白书：他关注何种社会问题以及他为什么要到处跟人争辩、推广自己的治国方案与政治学说。他这样说：

> 予岂好辩哉？予不得已也。天下之生久矣，一治一乱。……
>
> 尧、舜既没，圣人之道衰。暴君代作，坏宫室以为污池，民无所安息；弃田以为园囿，使民不得衣食。邪说暴行又作，园囿、污池、沛泽多而禽兽至。及纣之身，天下又大乱。……
>
> 世衰道微，邪说暴行有作，臣弑其君者有之，子弑其父者有之。孔子惧，作春秋。春秋，天子之事也。是故孔子曰："知我者其惟春秋乎！罪我者其惟春秋乎！"
>
> 圣王不作，诸侯放恣，处士横议，杨朱、墨翟之言盈天下。天下之言，不归杨，则归墨。杨氏为我，是无君也；墨氏兼爱，是无父也。无父无君，是禽兽也。公明仪曰："庖有肥肉，厩有肥马，民有饥色，野有饿莩，此率兽而食人也。"杨、墨之道不息，孔子之道不著，是邪说诬民，充塞仁义也。仁义充塞，则率兽食人，人将相食。
>
> 吾为此惧，闲先圣之道，距杨、墨，放淫辞，

邪说者不得作。作于其心，害于其事；作于其事，害于其政。圣人复起，不易吾言矣。

昔者禹抑洪水而天下平，周公兼夷狄驱猛兽而百姓宁，孔子成春秋而乱臣贼子惧。

诗云："戎狄是膺，荆、舒是惩，则莫我敢承。"无父无君，是周公所膺也。

我亦欲正人心，息邪说，距诐行，放淫辞，以承三圣者；岂好辩哉？予不得已也。

在这段洋洋洒洒的文字中，孟子首先说，自己并非天生好辩论，实在是不得已才总是要跟人辩论。为什么总要跟人辩论呢？

大体上是两个原因，一是政治社会层面的，包括"圣人之道衰""暴君代作""天下又大乱""圣王不作，诸侯放恣"；二是思想观念层面的，孔子倡导的儒家学说并非主流，反而是"杨朱、墨翟之言盈天下"，孟子痛斥其为"无父无君，是禽兽也"。

然后，孟子用饱含激情的言辞表明了自己的人生使命："我亦欲正人心，息邪说，距诐行，放淫辞，以承三圣。"孟子这里的大意是说："我也想要端正人心，停息邪说，抵制邪僻的行为，驳斥过激的言辞，以此来继承三位圣人。"这里是三位圣人，按上下文是大禹、周公与孔子。所以，孟子好辩，是因为以天下为己任，要努力扭转礼崩乐坏、天下大乱的局面。

周朝礼制的瓦解

以孔子和孟子的眼光来看，春秋战国时期的中国，即便不是天下大乱，也至少是礼崩乐坏了。按照20世纪以来的社会科学方法，面对这种礼崩乐坏或天下大乱的局面，我们习惯上会问一个为什么，即为什么春秋战国时期会出现这样的局面？或者说，为什么中国到了春秋战国时期会出现礼崩乐坏甚至天下大乱的局面呢？如何在理论上解释这种现象呢？

实际上，以往的中国政治思想史研究很少从严格的现代社会科学视角来思考这些问题。过往对于儒家政治理论的研究，大部分都因循传统的政治思想史或哲学史路径。如果以社会科学视角来理解儒学，就会发现儒学存在着一个显著的缺憾，那就是，无论是孔子还是孟子，他们都很少解释为什么。他们通常不会提出一种基于因果机制的理论解释，即何种原因经由何种机制导致了这样一种礼崩乐坏的局面。

不仅如此，一般来说，以《论语》和《孟子》为代表的儒家典籍并没有形成严密的逻辑思维，很多观点往往是断言式论证，甚至是同义反复式论证。比如，以《论语》为例，有人去请教孔子某种重要事项，孔子一般会简要地回答三言两语。但这种回答，往往是论断性的或结论性的，而不是分析性的或逻辑推导性的。等孔子回答完了，通常也不再有人追问为什么，也没有人反驳孔子，孔子与对话者之间也不会发生不同观点的辩论。到了后世，特别是西汉武帝时期的儒学革命之后，后来者往往就把这些论断或结论作为既定原则或金科玉律接受下来了，更不会或不敢有人再去追问一句"孔子为什么这样说"或"孔子凭什么这样说"。

如果要以今天主流社会科学的方法来分析儒家的理论解释，那么，基于儒家的经典文本，本书将其总结为这样一个分析框架，包括核心观点和理论解释两部分。儒家政治理论的核心观点可以总结为：春秋战国时期礼崩乐坏的局面，是"三代之治"与周朝礼制逐步走向瓦解所造成的。或者说，正是因为周朝制度与礼仪的瓦解，春秋战国时期才出现了礼崩乐坏的局面。

这就需要回答周朝制度与礼仪瓦解的原因到底为何。大体上，孔子与孟子主要关注三个维度的原因和机制。

一、观念的维度。孔子和孟子常常把礼崩乐坏的一个主要原因，归结为异端学说的兴起。人们不再信奉先王之道或前朝礼制了。孔子说："攻乎异端，斯害也已！"

（《论语·为政》）意思是，专治异端邪说，而非圣人之道，就是祸害。上文提到的孟子"自白书"中有这样的看法，即"世衰道微，邪说暴行有作……处士横议，杨朱、墨翟之言盈天下。天下之言，不归杨，则归墨。杨氏为我，是无君也；墨氏兼爱，是无父也。无父无君，是禽兽也"（《孟子·滕文公下》）。

二、行为的维度。之所以礼崩乐坏，不仅是因为人们相信异端邪说，也因为在行为上不再恪守此前的诸种制度、礼仪和规范了。从行为角度，春秋战国时期，从诸侯到卿大夫，甚至从士人到庶人，他们的行为趋于失范。这样，各种有违礼制的现象开始频繁出现。比如，上文提到的，季康子"八佾舞于庭"就是违背礼制的做法。孔子说："天下有道，则政不在大夫。"（《论语·季氏》）既然孔子这样说，说明当时他已经看到许多"政在大夫"的现象，即卿大夫僭越周朝礼制，实际执掌诸侯国大权。比如，鲁国三桓、田氏代齐、三家分晋等，都是卿大夫篡夺或瓜分诸侯国国君权力的案例。上文提到过，孟子注意到战国时期人的行为已经严重失范："臣弑其君者有之，子弑其父者有之。"（《孟子·滕文公下》）有这些行为的人，孟子称之为"乱臣贼子"。

三、秩序的维度。秩序维度是理解礼崩乐坏的一个更具有综合性的解释变量。相对于观念和行为，秩序往往包含了更多的意涵。"礼崩乐坏"这个概念本身，看起来就是某种原有政治秩序或礼乐秩序的瓦解过程。这里讨论的秩序维度，更多强调周朝礼制作为一个整体已经变得难以维持了。孔子讲到的"礼乐征伐自诸侯出""陪臣执国命"等，都是周朝礼制在秩序维度上已经大坏了。

儒家方案的四个支柱：
礼制、伦理、仁政、君子

基于上述讨论，接下来最重要的事情就是要回答到底怎么办？孔子和孟子既然要救世，他们就一定会提出一整套或一系列的政治解决方案。这个解决方案，如果用一句话来表述，那就是孔子在《论语·八佾》中讲过的一句话："周监于二代，郁郁乎文哉！吾从周。"

这句话的意思是说，周代的礼仪制度是参照夏朝和商朝制订的，多么丰富多彩啊！我主张遵循周代礼制的做法。所以，"吾从周"，既是孔子面对春秋时期礼崩乐坏局面所提出的政治解决方案，也是儒家政治理论普遍赞同的政治解决方案。一句话，就是要回到周朝，恢复周朝礼制。

如果一定要具体地讨论儒家的政治解决方案，可以归纳为四个要点，即周朝礼制、政治伦理、施行仁政与君子人格。这四个要点可以认为是儒家政治解决方案的四个支柱（参见图 2.1），是儒家政治解决方案的核心内容。

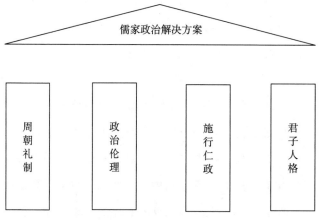

图 2.1　儒家政治解决方案的四个支柱

恢复周朝礼制

孔子最重视的，就是礼制。上文提到的"吾从周"，就是孔子希望恢复周朝的礼仪制度。在《论语》及相关儒家经典中，我们可以读到许多孔子关于礼仪制度、等级秩序的相关论述。尽管孟子大体上也赞同孔子的观点，但关于礼仪制度、等级秩序的论述，孟子说的要比孔子少得多。

正如上文提及的，在《论语·季氏》中：

> 孔子曰："天下有道，则礼乐征伐自天子出；天下无道，则礼乐征伐自诸侯出。自诸侯出，盖十世希不失矣；自大夫出，五世希不失矣；陪臣执国命，三世希不失矣。天下有道，则政不在大夫。天下有道，则庶人不议。"

这段话的实质是，实际的政治权力分配和行使权力的仪式都应该符合周朝的制度与礼仪，简而言之，就是天子、诸侯、卿大夫之间的尊卑有序。凡是打破这种尊卑有序的等级秩序的做法，在孔子看来，都是败坏了周朝礼制。恢复这种尊卑有序的等级秩序，就能防止礼崩乐坏或天下大乱的局面。

在儒家看来，恪守这套礼仪制度本身就是政治权力实现良善运作的关键，也是天子或君主能够驾驭整个统治秩序的关键。所以，《礼记·礼运》有"是故礼者，君之大柄也"这样的说法。[1] 在《论语·子路》中，孔子说：

> 名不正，则言不顺；言不顺，则事不成；事不

1　孙希旦：《礼记集解》，沈啸寰、王星贤点校，中华书局，2022 年，第 569 页。

成，则礼乐不兴；礼乐不兴，则刑罚不中；刑罚不中，则民无所措手足。

这里所谓的"名正言顺"与"礼乐兴"，强调的都是制度礼仪的重要性。用今天的政治学话语来说，合乎制度礼仪也是合法性与正当性的来源。

在孔子看来，这套尊卑有序的等级秩序，要求每个身处其中的人各安其位、各司其职，扮演好自己的角色。《论语·颜渊》记录了这样一则对话：

> 齐景公问政于孔子。孔子对曰："君君，臣臣，父父，子子。"公曰："善哉！信如君不君，臣不臣，父不父，子不子，虽有粟，吾得而食诸？"

这则对话尽管很简短，但非常重要。在孔子看来，做君主的要有做君主的样子，做臣子的要有做臣子的样子；做父亲的要有做父亲的样子，做儿子的要有做儿子的样子，这是尊卑有序的等级秩序得以维系的关键。考虑到儒家学说后来的演变，我们或许还可以加上"夫夫，妻妻"，即做丈夫的要有做丈夫的样子，做妻子的要有做妻子的样子。如果整个社会中的人都能按照这个社会既有的规矩去做，那么天下就能实现大治了。

这种等级秩序对身处其中的人还提出了两方面的要求，一是本身要恪守应有的等级秩序规范，二是要履行这种尊卑有序格局下彼此之间的"义务"。《论语·颜渊》有这样一则言论："非礼勿视，非礼勿听，非礼勿言，非礼勿动。"这强调的是，身处该等级秩序中的人应该恪守礼制对个人行为的严格要求，不合乎礼制的事情不看、不听、不说、不做。此外，孔子还认为，身处这一等级秩序中的、扮演不同角色的人，彼此之间还需要恪守符合礼制的行为与伦理原则。比如，《论语·八佾》记载着这样一则对话：

> 定公问："君使臣，臣事君，如之何？"孔子对曰："君使臣以礼，臣事君以忠。"

这则对话讨论的是君臣相处之道，或更一般意义上的上级与下级如何彼此对待的原则。孔子的观点简单而明确，即君主使用臣下应当讲究礼节，臣下侍奉君主应该讲究忠诚。或者，更一般地说，上级应该尊重下级，下级应当效忠上级。实际上，这是一种互有权利与义务关系的相处之道和处世原则。

其实，孟子也有类似的说法："君之视臣如手足，则臣视君如腹心；君之视臣如犬马，则臣视君如国人；

君之视臣如土芥，则臣视君如寇雠。"(《孟子·离娄下》)这段话强调的，不仅是君臣之间互有义务的相处之道，甚至更强调君主应该善待臣下。在孟子眼中，这也是尊卑有序的等级秩序的一部分。

总之，孔子非常重视周朝的礼制和等级秩序。按照孔子的观点，一个国家的上上下下都按照这套礼制来做自己应该做的事情，都服从这个礼制所要求的行为规范，恪守应有的伦理准则，就能实现天下大治。孔子所处的时代，最大的问题就在于这套礼制败坏了。既然如此，儒家治国方案的首要原则，就是要恢复周朝礼制。

奉行政治伦理或政治道德主义

以孔子和孟子为代表，儒家政治理论主张确立一种以伦理或道德为中心的政治规范与政治秩序。当代政治法律理论常常以德治论和法治论来区分不同的国家治理方案，儒家大体上更接近于德治论，而非法治论。伦理道德在整个儒家的治国方案中居于非常重要的位置。

孔子有两句话，一句是"为政以德，譬如北辰居其所而众星共之"(《论语·为政》)，另一句是"道之以政，齐之以刑，民免而无耻；道之以德，齐之以礼，有耻且格"(《论语·为政》)。按照这里的观点，为政以德，不仅是必要的国家治理手段，而且是比刑罚更

为有效的国家治理手段。《论语·颜渊》记录了孔子的
这样一则言论：

> 季康子问政于孔子。孔子对曰："政者，正也。
> 子帅以正，孰敢不正？"

这里的季康子是季孙肥（？—前468），是春秋时
期鲁国的正卿，是上文提到的季孙氏即季桓子的儿子。
季康子向孔子问政，孔子的回答是："为政，就是端正、
正直。您以端正、正直作为表率，谁还敢不端正、不正
直呢？"季康子尽管没有诸侯之名，但其实相当于鲁国
的执政者。所以，孔子这句话也可以被理解为，如果
做君主的很端正、很正直，还有谁敢不端正、不正直呢？
毋庸置疑，这是一种高度的道德主义政治观。

《礼记·大学》由于被朱熹编入"四书"，所以其
开篇的一段话就变得非常有名，中国古代读书人几乎
人人皆知。这段话这样说：

> 古之欲明明德于天下者，先治其国；欲治其国
> 者，先齐其家；欲齐其家者，先修其身；欲修其身
> 者，先正其心；欲正其心者，先诚其意；欲诚其意
> 者，先致其知，致知在格物。

物格而后知至，知至而后意诚，意诚而后心正，心正而后身修，身修而后家齐，家齐而后国治，国治而后天下平。自天子以至于庶人，壹是皆以修身为本。[1]

这就是"修身齐家治国平天下"的出处，即所谓的"修齐治平"。如此，治国平天下这样的政治问题与国家治理问题，最终落实到了修身问题，修身成了治国的起点。其中的逻辑是否合理或严密，当然值得推敲，但这段话确定无疑地表明了儒家在这一问题上的立场与方案，即从个人的道德伦理建设这个小问题入手，来解决国家治理或"天下善治"这个大问题。

孟子这方面大致上继承孔子的衣钵，也持有一种强烈的政治道德主义立场。他不仅以道德的方式来看待政治，而且还把关键的道德概念，特别是仁和义，置于非常重要的优先位置。上文曾经提到，《孟子·梁惠王上》就讨论了著名的义利之辩，孟子无疑是主张义优先于利的政治道德主义立场。原文这样说：

孟子见梁惠王。

1　朱熹：《四书章句集注》，第5页。

　　王曰："叟不远千里而来，亦将有以利吾国乎？"

　　孟子对曰："王何必曰利？亦有仁义而已矣。王曰：'何以利吾国？'大夫曰：'何以利吾家？'士庶人曰：'何以利吾身？'上下交征利而国危矣。万乘之国弑其君者，必千乘之家；千乘之国弑其君者，必百乘之家。万取千焉，千取百焉，不为不多矣。苟为后义而先利，不夺不餍。"

在这则对话中，孟子主张君主应该以义治国，而不应该以利治国。如果以利治国，不仅会导致"上下交征利而国危矣"，甚至还会导致弑君。这无论对国家还是对君主，都是有相当危害的事情。

《孟子·告子下》又说：

　　为人臣者怀利以事其君，为人子者怀利以事其父，为人弟者怀利以事其兄，是君臣、父子、兄弟终去仁义，怀利以相接，然而不亡者，未之有也。

这段话的意思是，如果君臣、父子、兄弟之间是利益关系而不是仁义关系，那是要亡国的。孟子之所以要花许多篇幅讨论义利问题，无非是看到了自己所

处的时代，从诸侯国君到普通臣民，把利置于越来越
重要的地位，而义则日益式微。这是国家危亡的征兆。
所以，孟子的观点很明确，治国不必言利，有仁义足矣。

《孟子·告子下》记录了另一个重要的故事。故事
的大意是说，听闻秦国与楚国即将交战，一个叫宋的人
试图去劝说楚王和秦王不要用兵，他陈述的理由主要
是用兵交战对当时的楚国与秦国都是"不利"的。孟
子听完，接下来说了这样一段话：

> 先生之志则大矣，先生之号则不可。先生以利
> 说秦、楚之王，秦、楚之王悦于利，以罢三军之师，
> 是三军之士乐罢而悦于利也。为人臣者怀利以事其
> 君，为人子者怀利以事其父，为人弟者怀利以事其
> 兄，是君臣、父子、兄弟终去仁义，怀利以相接，
> 然而不亡者，未之有也。先生以仁义说秦、楚之王，
> 秦、楚之王悦于仁义，而罢三军之师，是三军之士
> 乐罢而悦于仁义也。为人臣者怀仁义以事其君，为
> 人子者怀仁义以事其父，为人弟者怀仁义以事其兄，
> 是君臣、父子、兄弟去利，怀仁义以相接也，然而
> 不王者，未之有也。何必曰利？

孟子认为，在影响国家之间的和战决策方面，"利"

或"利益"不是一个好的理由，"仁义"或"道德"才是一个好的理由。进一步说，用利来构建君臣、父子、兄弟的关系是非常危险的，用仁义来构建君臣、父子、兄弟的关系才是好事情。按孟子的说法，前者"然而不亡者，未之有也"，后者"然而不王者，未之有也"。所以，他主张，"怀仁义"即可，又"何必言利"？孟子的基本观点和治国方案也是政治道德主义的。

施行仁政

"礼"和"仁"是孔子政治理论的两个核心概念。如果对孔孟进行比较，就会发现，孔子更重视礼，而孟子则把施行仁政置于更高的位置。就仁和仁政本身而言，如果说孔子在这个方面主要论述的是某些关键理念，那么孟子则关注跟仁政有关的许多具体措施。

在《论语》中，孔子数十次提到"仁"的概念。较重要的，大约有如下几则：

> 颜渊问仁。子曰："克己复礼为仁。一日克己复礼，天下归仁焉。为仁由己，而由人乎哉？"（《颜渊》）
>
> 仲弓问仁。子曰："出门如见大宾，使民如承大祭。己所不欲，勿施于人。在邦无怨，在家无怨。"

（《颜渊》）

> 樊迟问仁。子曰："爱人。"（《颜渊》）

> 樊迟问仁。子曰："居处恭，执事敬，与人忠。虽之夷狄，不可弃也。"（《子路》）

> 子张问仁于孔子。孔子曰："能行五者于天下，为仁矣。"请问之。曰："恭、宽、信、敏、惠。恭则不侮，宽则得众，信则人任焉，敏则有功，惠则足以使人。"（《阳货》）

实际上，孔子并没有给出关于仁的精确定义。在孔子的上述论断中，仁既可能是一种较高的道德原则，比如"克己复礼"，比如"己所不欲、勿施于人"，又可能是一系列为人的优秀品质，比如恭、宽、信、敏、惠、敬、忠、不怨等，还可能是一个人对待他人的基本态度，比如爱人。对君主来说，如果要施行仁政，最基本的认知与态度就应该是"仁者爱人"。只有真正爱人的统治者，才可能是施行仁政的统治者。

孔子关于施行仁政的系统论述，记录在《论语·尧曰》中。这篇文字这样说：

> 尧曰："咨！尔舜！天之历数在尔躬，允执其中。四海困穷，天禄永终。"

舜亦以命禹。

曰："予小子履，敢用玄牡，敢昭告于皇皇后帝：有罪不敢赦。帝臣不蔽，简在帝心。朕躬有罪，无以万方；万方有罪，罪在朕躬。"

周有大赉，善人是富。"虽有周亲，不如仁人。百姓有过，在予一人。"

谨权量，审法度，修废官，四方之政行焉。兴灭国，继绝世，举逸民，天下之民归心焉。

所重：民、食、丧、祭。

宽则得众，信则民任焉，敏则有功，公则说。

　　这篇文字只有短短两百多字，但集中体现了孔子关于仁政的政治思想。前半部分的重点是从尧、舜、禹到商汤、周武王的故事和言论，核心是提醒统治者要小心翼翼地实行仁政，否则后果严重，比如"四海困穷，天禄永终"；还反复强调作为统治者的责任与义务，比如"万方有罪，罪在朕躬"，"百姓有过，在予一人"。后半部分则简要论述了施行仁政的原则与措施，包括"谨权量，审法度，修废官，四方之政行焉"；"兴灭国，继绝世，举逸民，天下之民归心焉"；要重视人民、粮食、丧葬、祭祀；要相信"宽则得众，信则民任焉，敏则有功，公则说"即施政宽松就能得到民心，讲求诚信就能得到民众信服，做事勤敏就能取得功绩，行事公正就能使人民满意。这大概就是孔子关于如何施行仁政的简要指南，也是关于如何成为一个仁君而非暴君的基本主张。

如果说孔子对仁和仁政的论述更加高大上，更关注君主应该怎么做，那么，孟子的许多论述则更加接地气，更关注普通老百姓的生活与生存处境。

上文曾经提及，《孟子·梁惠王上》记录着这样一则对话：

> 梁惠王曰："寡人愿安承教。"孟子对曰："杀人以梃与刃，有以异乎？"曰："无以异也。""以刃与政，有以异乎？"曰："无以异也。"
>
> 曰："庖有肥肉，厩有肥马，民有饥色，野有饿莩，此率兽而食人也。兽相食，且人恶之。为民父母，行政不免于率兽而食人。恶在其为民父母也？仲尼曰：'始作俑者，其无后乎！'为其象人而用之也。如之何其使斯民饥而死也？"

这段话的重点，是孟子说服梁惠王要施行仁政，做君主的和做父母官的对"民有饥色，野有饿莩"这种社会现象负有主要责任。在同一篇章，孟子还说：

不违农时，谷不可胜食也；数罟不入洿池，鱼
鳖不可胜食也；斧斤以时入山林，材木不可胜用也。
谷与鱼鳖不可胜食，材木不可胜用，是使民养生丧
死无憾也。养生丧死无憾，王道之始也。

五亩之宅，树之以桑，五十者可以衣帛矣；鸡
豚狗彘之畜，无失其时，七十者可以食肉矣；百亩
之田，勿夺其时，数口之家可以无饥矣；……七十者
衣帛食肉，黎民不饥不寒，然而不王者，未之有也。

这段话可以说是特别贴近一个古代农业社会实际
的生产与生活状况。如果统治者能够不夺农时，不过
度压榨民众，那么老百姓就可以做到不饥不寒，甚至
衣帛食肉。孟子在跟梁惠王的另一场对话中说：

王如施仁政于民，省刑罚，薄税敛，深耕易耨。
壮者以暇日修其孝悌忠信，入以事其父兄，出以事
其长上，可使制梃以挞秦、楚之坚甲利兵矣。……
故曰："仁者无敌。"（《孟子·梁惠王上》）

孟子在这里明确提出要"施仁政于民"，"省刑罚，
薄税敛，深耕易耨"，这样就能不惧"秦楚之坚甲利兵"，
最终实现"仁者无敌"。

按照孟子的观点，君主只有施行仁政，才能赢得民心，才能实现长久的统治。孟子这样说：

> 三代之得天下也以仁，其失天下也以不仁。国之所以废兴存亡者亦然。天子不仁，不保四海；诸侯不仁，不保社稷；卿大夫不仁，不保宗庙；士庶人不仁，不保四体。（《孟子·离娄上》）

孟子还以桀纣作为反例来进行论证：

> 桀、纣之失天下也，失其民也；失其民者，失其心也。得天下有道：得其民，斯得天下矣；得其民有道：得其心，斯得民矣；得其心有道：所欲与之聚之，所恶勿施尔也。（《孟子·离娄上》）

孟子对仁政的论述并没有到此为止，他还进一步阐发其观点，使其文本成为中国轴心时代民本主义思想的代表性文献。

《孟子·尽心下》有这样一句当时听起来振聋发聩的话：

> 民为贵，社稷次之，君为轻。

这句话大致可以理解为：百姓最为重要，国家其次，国君为轻。这就明确地把百姓或民众置于国君之前，百姓或民众成为孟子政治理论中需要优先考虑的目标。《孟子·万章上》则这样说："《泰誓》曰：'天视自我民视，天听自我民听'，此之谓也。"这句话的意思是，《尚书》的第三章《泰誓》上说，"百姓看到的，天也就看到；百姓听到的，天也就听到"。由此看来，孟子明确主张君主应当听取民意或百姓的呼声。

《孟子·梁惠王下》还记录了孟子与齐宣王（约前350—前301）的一则对话：

> 孟子谓齐宣王曰："王之臣有托其妻子于其友，而之楚游者。比其反也，则冻馁其妻子，则如之何？"王曰："弃之。"
>
> 曰："士师不能治士，则如之何？"王曰："已之。"
>
> 曰："四境之内不治，则如之何？"王顾左右而言他。

这则对话并不复杂。孟子用的是层层递进的说理和对话方式，先说朋友接受托付的责任，接着说士师（监狱长）管理监狱的责任，然后再说君主治理国家的责任。当孟子最后说出"四境之内不治，则如之何？"齐宣王只好尴尬地顾左右而言他了。这则对话，也佐证了孟子在其政治理论框架中，强调把国家善治和民众福祉排在君主之前。

坚守君子人格

这也是儒家政治解决方案的重要方面。士人的君子人格，按今天的政治学概念来理解，大致相当于政治精英的政治责任与政治操守。马克斯·韦伯强调的政治家的"责任伦理"，大致也是一种现代版的"君子人格"。[1]在春秋战国时期，士人在政治生活中扮演着越来越重要的角色。实际上，任何君主要想实现国家治理，就需要贵族和士人的参与。问题是，参与政治的士人到底应该怎么做呢？士人扮演何种恰当的角色，才能有助于推进儒家的政治解决方案呢？孔子和孟子对士大夫的人格要求，其实都是非常高的。他们心中有助于推进儒家政治理想的士人形象，对今天的许多知识分子来说，可能是可望不可及的。

孔子反复论述的一个问题，就是士人在有道与无道、入世与出世之间的恰当选择。《论语》多处提到士

1　马克斯·韦伯，《学术与政治》，钱永祥译，广西师范大学出版社，2004年，第259—262页。

人该如何安身立命的大问题。比如：

> 子谓南容："邦有道，不废；邦无道，免于刑戮。"
> （《公冶长》）
> 子曰："宁武子，邦有道，则知；邦无道，则愚。
> 其知可及也，其愚不可及也。"（《公冶长》）
> 子曰："笃信好学，守死善道。危邦不入，乱
> 邦不居。天下有道则见，无道则隐。邦有道，贫且
> 贱焉，耻也；邦无道，富且贵焉，耻也。"（《泰伯》）
> 子曰："邦有道，危言危行；邦无道，危行言孙。"
> （《宪问》）
> 子曰："邦有道，则仕；邦无道，则可卷而怀之。"
> （《卫灵公》）

孔子的这些言论，大体上为他心中理想的士人人格提供了一个行为参照系。在这个问题上，孔子有三个核心观点：其一，如果"邦有道"，士人应该积极入仕，用自己的力量去对实际政治产生积极而重要的影响。比如，"邦有道，则仕"，"天下有道则见"，基本都是这种观点。其二，如果"邦无道"，士人就应该跟现实政治保持相当的距离，免得为了自己的仕途而牺牲自己的人格尊严。比如，"危邦不入，乱邦不居"，"天下……

无道则隐"，"邦无道，则可卷而怀之"，基本都是这个意思。实际上，按照《史记》的记载，孔子原本是鲁国的高官，但他看到季桓子耽于女色，朝纲不振之后，就离开了鲁国都城。由此可见，在孔子的士人人格中，对道的恪守，要超越对任何具体君主的忠诚。其三，如果邦无道，孔子认为，士人应该隐忍自保，既不该跟无道一方合作谋求功名和实利，亦不应该跟无道一方进行硬碰硬的殊死搏斗。比如，"邦无道，免于刑戮"，"邦无道，则愚"，"邦无道，危行言孙"，就是这种主张的体现。

当然，在孔子眼里，君子人格不光体现在对统治者的态度上，而且包括了相当程度的人格特征与品性特征。比如，孔子就对当时郑国的政治家子产（？—前522）说过这样的话："有君子之道四焉：其行己也恭，其事上也敬，其养民也惠，其使民也义。"（《论语·公冶长》）孔子这段话的意思是，君子人格需要做到自己行为谦恭、以恭敬的态度侍奉上级、关心民众福祉、驱使民众则须符合道义原则。做到这四点，才配得上君子的称谓。

《论语·子罕》说："知者不惑，仁者不忧，勇者不惧。"按照这则言论，孔子认为，君子应当做到智、仁、勇，这样才能做到不惑、不忧、不惧。《论语·里仁》

还说："君子喻于义，小人喻于利。"这意味着，在义利之辩中，君子应该恪守义的原则和立场，而非追求利的实际好处。

基于孔子、孟子以及其后儒家学者的描述，后世学者又将儒家意义上的君子人格总结为五个字或十个字，即仁、义、礼、智、信，以及温、良、恭、俭、让。当然，也有人认为，这种总结遗漏了孔子在儒家君子人格设想中的最重要因素，也就是勇。没有勇，做不到不惧，又如何能够在乱世中恪守自己的君子之道与道德原则呢？所以，孔子的三个字，知（智）、仁、勇，恐怕要比后世的五个字或十个字更重要。

关于君子人格，孟子的论述或许更加广为认知，原因在于他的两篇作品过去长期都是中学语文教科书选用的文章。实际上，孟子对于君子人格有着更为丰富的论述，甚至许多论述还有很强烈的自我代入感。由孟子的论述，我们也可以窥见孟子身处战国这一礼崩乐坏时代的赤子之心和儒家士人的宏伟抱负。

在孟子眼中，君子人格应该有救世的责任感和舍我其谁的勇气。孟子这样说：

> 五百年必有王者兴，其间必有名世者。由周而来，七百有余岁矣。以其数则过矣；以其时考之则

可矣。夫天未欲平治天下也，如欲平治天下，当今之世，舍我其谁也！（《孟子·公孙丑下》）

孟子认为，君子应当是一个顶天立地的大丈夫。那么，什么是大丈夫呢？孟子心中理想的大丈夫人格也不是绝大部分士人或知识分子所能企及的。《孟子·滕文公下》有一则关于大丈夫的对话：

> 景春曰："公孙衍、张仪岂不诚大丈夫哉？一怒而诸侯惧，安居而天下熄。"
>
> 孟子曰："是焉得为大丈夫乎？子未学礼乎？丈夫之冠也，父命之；女子之嫁也，母命之，往送之门，戒之曰：'往之女家，必敬必戒，无违夫子！'以顺为正者，妾妇之道也。居天下之广居，立天下之正位，行天下之大道。得志与民由之，不得志独行其道。富贵不能淫，贫贱不能移，威武不能屈。此之谓大丈夫。"

这则对话因楚国贵族景春问孟子，公孙衍、张仪是否算大丈夫而起，其中最重要的是最后几句。这大体上是孟子关于何谓大丈夫的描述，重在大丈夫的宏大抱负、做人原则与道德操守。"居天下之广居，立天下之正位，行天下之大道"，这三句话包含了孟子对于自我或大丈夫角色的想象，大丈夫应该担负起天下的责任。"得志与民由之，不得志独行其道"，这两句则是大丈夫的做人做事原则，跟后世所谓"达则兼济天下，穷则独善其身"大体是一个意思，背后还有一种正道高于现世功名成就的想象。至于最后一句，"富贵不能淫，贫贱不能移，威武不能屈"，更是对大丈夫的道德操守提出的至高要求。孟子甚至还常常认为，所谓君子人格或大丈夫，往往要经历诸种苦难的考验才能真正成就。他有一段很有名的话是这样说的：

> 舜发于畎亩之中，傅说举于版筑之间，胶鬲举于鱼盐之中，管夷吾举于士，孙叔敖举于海，百里奚举于市。故天将降大任于是人也，必先苦其心志，劳其筋骨，饿其体肤，空乏其身，行拂乱其所为，所以动心忍性，曾益其所不能。（《孟子·告子下》）

君子人格的另一个重要特质是义高于利和道重于身。孟子还有另一段耳熟能详的名言：

> 鱼，我所欲也；熊掌，亦我所欲也，二者不可得兼，舍鱼而取熊掌者也。生，亦我所欲也；义，

> 亦我所欲也，二者不可得兼，舍生而取义者也。生
> 亦我所欲，所欲有甚于生者，故不为苟得也；死亦
> 我所恶，所恶有甚于死者，故患有所不辟也。(《孟
> 子·告子上》)

这段话就是后世成语"舍生取义"的出处。如果
仅仅把孟子的这段话作为一种文学表述来理解，那是
比较容易的，但倘若要把这段话作为生而为人与安身
立命的实际准则，那就相当沉重了。从古至今，即便
在儒家士人之中，又有几人能够恪守这样的道德准则？
这实际上是一种非常困难的选择。中国淳朴的民间智
慧，在这个问题上往往相反。"好死不如赖活着"是许
多普通人的人生哲学。所以，可见孟子的特别之处。

孟子更为刚直的一句话是：

> 天下有道，以道殉身；天下无道，以身殉道。
> (《孟子·告子上》)

上文曾经讨论，孔子大体上主张，如果天下无道，
即便只是做到既不合作又不抗争，就可以算君子了。但
是，孟子的要求似乎更进一步，他主张的是"天下无
道，以道殉身"。这其实是对君子人格提出了更高的要

求。再联系他关于"舍我其谁"和"舍生取义"的论述，孟子大体上认为，在天下无道的时代，君子人格还包含着一种强烈的搏斗精神，以及不惜牺牲自我以保卫道、捍卫道的人生选择。

上述讨论就是儒家关于君子人格的基本分析。君子人格是儒家政治解决方案的一部分。没有君子人格，士人就缺少对道的坚守，就无法以"智仁勇"的完善人格品性来推动"天下善治"。

儒家理想社会模型：
"大同"，抑或"小康"？

倘若一个社会或国家能够照按照儒家的政治解决方案推进政治建设，并能达致孔子与孟子所设想的理想状态，那么这又会是一个怎样的理想社会呢？实际上，本章前面的讨论对此问题已经有所涉及，只是讨论并不系统。这里要根据孔子和孟子的文本及其思想来剖析他们所设想的儒家理想社会模型。

简而言之，儒家理想社会模型大体包括五个方面的关键特征：

一、政治道德主义原则。道德和伦理在国家的政治秩序中居于优先位置，以德治国是儒家理想国的基本特征，而非其他的以法治国或以刑治国。无论"为政以德，譬如北辰，居其所而众星共之"，还是"道之以德，齐之以礼，有耻且格"，体现的都是儒家的德治理想。

二、儒家意识形态的核心是仁与礼。仁者爱人，己所不欲、勿施于人，统治者当心怀天下百姓，都是仁的内涵。礼的理想境界是周朝的制度与礼仪，尊卑有序、各安其位的等级秩序是礼的核心，但儒家同样倡导与崇尚君臣上下之间的彼此尊重。

三、统治者施行仁政。这是儒家实现理想社会的关键条件。《礼记》记录了孔子途径泰山，遇到了"苛政猛于虎"的事。施行仁政，意味着统治者要以天下百姓的福祉为念，轻徭薄赋，使民以时，更要避免滥用权力和横征暴敛。这样，普通民众的福祉，在这种相对宽松的环境中，就能得到应有的关照。

四、士人精通修齐治平之道，坚守君子人格。儒家治国的政治方案很大程度上有赖于士人的推动和实施。孔子与孟子，尽管身处时代不同，但他们大体上也扮演着春秋战国时期的士人角色。他们周游列国推广儒家政治方案未获成功，但他们的政治学说和文本通过一代代学生——后续的士人——传播得越来越广。在孔孟看来，实际执掌权力、制定与执行政策的儒家士人应当精通修身齐家治国平天下的道与术，同时在纷乱复杂的政治环境中坚守君子人格，追求一种合乎道义的安身立命方式。

五、儒家的政治愿景是合乎礼制的政治秩序以及普通民众可以衣食无忧、安居乐业。儒家对于政治秩序的评价大体遵循的是周朝礼制的标准，从天子、诸侯、卿大夫，到士人、庶人，大家做到各安其位、尊卑有序、上下有节，就是儒家关于政治秩序的理想。至于评价国家治理的实际绩效，孔子与孟子往往更多考虑普通民众能否过上一种好的生活，轻徭薄赋、衣食无忧、安居乐业，大体上就是儒家关于普通人生活的理想。

在《礼记·礼运》中，孔子用"大同"和"小康"来表达儒家心中的理想社会模型或政治乌托邦。他先是用这段广为流传的文字来描绘"大同"：

大道之行也，天下为公，选贤与能，讲信修睦。

故人不独亲其亲，不独子其子，使老有所终，壮有所用，幼有所长，矜、寡、孤、独、废、疾者皆有所养，男有分，女有归。

货恶其弃于地也，不必藏于己；力，恶其不出于身也，不必为己。

是故谋闭而不兴，盗窃乱贼而不作，故外户而不闭。是谓大同。[1]

如果上文中的儒家理想社会模型的五个关键特征更贴近儒家治理的实际目标，那么，这里讨论的"大同"更像儒家学说的政治乌托邦。这一大同社会的根本特征，就是"天下为公"，而非"天下为家"，亦非"天下为私"。这一政治乌托邦，既有盗贼不兴、夜不闭户这样的低标准，又有选贤与能、讲信修睦这样的善治原则，还有"天下为公"，"不独亲其亲，不独子其子"，"货不必藏于己，力不必为己"这样的高标准。实际上，这最终是一个消灭了财产权、消灭了国家、不分彼此、真正实现"天下为公"的乌托邦。

既然是政治乌托邦，其实现难度往往非常之大。所以，在"大同"之后，孔子接着又用一段文字来描绘"小康"：

今大道既隐，天下为家，各亲其亲，各子其子；货力为己；大人世及以为礼；城郭沟池以为固，礼义以为纪。以正君臣，以笃父子，以睦兄弟，以和夫妇，以设制度，以立田里，以贤、勇、知，以功为己。

1　孙希旦：《礼记集解》，第550页。

故谋用是作，而兵由此起。禹、汤、文、武、成王、周公，由此其选也。

此六君子者，未有不谨于礼者也。以著其义，以考其信，著有过，刑仁讲让，示民有常。如有不由此者，在埶（势）者去，众以为殃。是谓小康。[1]

这在孔子看来是退而求其次的儒家理想社会模型。既然"大道之行"不一定可能，"天下为公"不一定能指望，那就只能追求"天下为家"。如果"各亲其亲，各子其子"以及"货力为己"难以避免，那就需要筑城池，建国家，设制度，定礼仪，以及"刑仁讲让、示民有常"。这种"各亲其亲"，又井然有序、恪守礼仪的政治秩序，可以称为"小康"。如果说"大同"是儒家政治理想中的乌托邦，那么"小康"则是较有希望实现的现实政治愿景。

性善论与群体主义论

这一部分需要对儒家的理论预设进行分析。一种政治理论往往都有一个特定的基本人性假设，搞清楚

1　孙希旦：《礼记集解》，第551页。

这一点是对其理论逻辑进行反思的前提。那么，儒家的基本人性假设是什么呢？

性善论

从孔子与孟子的论述和文本来看，儒家总体上主张的是性善论。孔子有这样的说法："性相近也，习相远也。"（《论语·阳货》）尽管孔子在这里没有明确人性为何，但基于他的其他论述，有理由认为，孔子总体上对人性持有一种较为乐观的预期。后世流传甚广的儒家蒙学作品《三字经》开篇就这样说："人之初，性本善；性相近，习相远；苟不教，性乃迁。"

到了孟子，关于人性本善的观点就更加明确了。《孟子·告子上》这样说：

> 恻隐之心，人皆有之；羞恶之心，人皆有之；恭敬之心，人皆有之；是非之心，人皆有之。恻隐之心，仁也；羞恶之心，义也；恭敬之心，礼也；是非之心，智也。仁义礼智，非由外铄我也，我固有之也，弗思耳矣。

这意味着，在孟子看来，恻隐之心、羞恶之心、恭敬之心、是非之心，都是人的本性，并由此推导出，仁义礼智是人固有的品质，无须外部培养或后天塑造。在《孟子·公孙丑上》中，孟子甚至把这些品质视为基本人性的一部分，没有就不成其为人。

> 由是观之，无恻隐之心，非人也；无羞恶之心，非人也；无辞让之心，非人也；无是非之心，非人也。恻隐之心，仁之端也；羞恶之心，义之端也；辞让之心，礼之端也；是非之心，智之端也。人之有是四端也，犹其有四体也。

正是因为这样的基本人性观，所以儒家的政治解决方案包括了通过教化让人固守良善的行为准则与规范，由此实现"天下善治"。

性善论，其实是儒家主流政治学说的逻辑起点。如果没有性善论，那么儒家的政治理论就要重写。

当然，并非所有的儒家学者都主张性善论。荀子就是一个重要的例外。在儒家体系中，荀子的地位常常是有争议的。后世有学者认为，荀子并非标准意义上的儒家，而是儒法的合体。

荀子大体上主张性恶论，这就跟法家代表人物、通常被视为荀子学生的韩非的观点更为接近。荀子这样说：

人之性恶，其善者伪也。今人之性，生而有好利焉，顺是，故争夺生而辞让亡焉；生而有疾恶焉，顺是，故残贼生而忠信亡焉；生而有耳目之欲，有好声色焉，顺是，故淫乱生而礼义文理亡焉。然则从人之性，顺人之情，必出于争夺，合于犯分乱理而归于暴。故必将有师法之化，礼义之道，然后出于辞让，合于文理，而归于治。用此观之，然则人之性恶明矣。其善者伪也。[1]

荀子这段话的大意是说，性恶是人的本性，而性善往往是伪装或后天教化的结果。关于这种基本人性假设，本书将会在下一章中做专门的讨论。但荀子关于人性的思考并非儒家的主流观点。

群体主义论

除了基本人性假设，一种政治理论关于个体与群体关系的假设也是非常重要的。在这方面，儒家政治理论完全不同于许多西方政治思想史研究者所熟悉的近现代英国的普通法传统与古典自由主义理论。在后一种传统中，个人或个体（individual）往往居于核心位

1　王先谦：《荀子集解》，第 420—421 页。

置。个人或个体不仅是抽象的，其权利和地位是至高的，而且其福祉与利益也是一切主流理论的逻辑起点。这种传统与理论也在很大程度上被视为个人主义的。[1]

与其相比，儒家政治理论的一个根本差异在于，孔子与孟子基本不会讨论抽象的个人，或者独立的个人，他们讨论的始终是关系中的个人。在这一框架中，个人重要的不是他本身，而是他在一种关系中所扮演的角色。比如，他是谁的上司，他是谁的下属；或者，他是谁的父亲，他是谁的儿子；或者，他是谁的丈夫，她是谁的妻子，等等。总之，他不太可能是一个抽象的、独立于人际关系网络的个人。

按照儒家学说，任何个人总是在君臣、父子、兄弟、夫妻、朋友这样的关系网络中，而不太可能逃出这个范围。进一步说，只有在这个人际关系网络内，才能讨论个人的行为规范。所以，儒家的政治伦理，实际在很大程度上是一种人际关系政治化的伦理学：把人际关系上升为政治关系，政治关系又需要充分考虑和顾及人际关系的伦理。这就是儒家政治理论的关键特征。

借由这种高度人际关系化的政治伦理，我们就能顺

---

1 关于英国个人主义传统，参见艾伦·麦克法兰《英国个人主义的起源》，管可秾译，商务印书馆，2008 年。

理成章地推导出一种"家国一体"的政治理论。家和国，
在本质上是不可分的。只不过，家是一种范围较小的
人际关系网络，而国是一种范围较大的人际关系网络。
从家到国，大体上是一种从小到大、沿差序格局的逻辑
不断扩展的人际关系网络。这样的儒家政治理论，就
不存在所谓公域和所谓私域的概念区分。既然没有抽
象个体或私人空间的概念，就谈不上所谓公共空间的
概念。所以，个体与群体关系的边界，在儒家学说中
是模糊不清的。

礼制提供者与伦理教化者

关于中国古代的国家治理，尽管史学界很早就有
外儒内法、表儒里法的说法，但至少在主流叙事中，自
汉武之后，儒家学说基本上就成了中国大部分君主制
王朝的正统学说。这意味着儒家政治理论长期以来胜
过其他各家各派的政治理论，成为无可争议的正统与
主流。这是为什么呢？

首要的原因跟儒家推崇礼制有很大的关系，而礼
制代表的是君主制条件下的政治秩序。基于一整套制度
礼仪，一个国家才能把一个完整的君主制统治秩序构
建起来。否则，君主制的政治秩序是难以建构的，更

不用说国家治理的其他方面了。

在这方面，历史上一个重要的政治时刻，是儒生叔孙通为汉高祖刘邦确立君主礼制与宫廷礼仪。《史记》这样记载尚未建立君主礼制的汉初宫廷生活：

> 高帝悉去秦苛仪法，为简易。群臣饮酒争功，醉或妄呼，拔剑击柱，高帝患之。[1]

既然汉高祖不满意这种宫廷乱象，那问题该怎么办呢？儒生叔孙通进言，他可以带领弟子，根据古礼与秦仪，制定汉朝的礼乐制度。

> 汉七年，长乐宫成，诸侯群臣皆朝十月。仪：先平明，谒者治礼，引以次入殿门，廷中陈车骑步卒卫宫，设兵张旗志。
>
> 传言"趋"。殿下郎中侠陛，陛数百人。功臣列侯诸将军军吏以次陈西方，东乡；文官丞相以下陈东方，西乡。大行设九宾，胪传。
>
> 于是皇帝辇出房，百官执职传警，引诸侯王以下至吏六百石以次奉贺。自诸侯王以下莫不振

1　司马迁：《史记》（卷四），第 2381 页。

恐肃敬。

　　至礼毕，复置法酒。诸侍坐殿上皆伏抑首，以尊卑次起上寿。觞九行，谒者言"罢酒"。御史执法举不如仪者辄引去。竟朝置酒，无敢欢哗失礼者。于是高帝曰："吾乃今日知为皇帝之贵也。"[1]

　　现在回头看，西汉初年所制定的这一整套君主制礼仪制度非常重要，它本身就是君主制中央集权官僚国家建设的一部分。如果没有这样一套礼仪制度，君主制国家建设就很难有效推进。如果没有这样一整套礼仪，君主不能确立他的权威，没有极其尊贵的地位，他就很难有效统治国家。所以，这套礼仪制度其实跟政治权力的运作存在非常密切的关系。

　　仪式，绝不仅仅为了制造仪式感，而是有着很强的政治权力与制度建设意涵。正如美国政治学者大卫·科泽所言：

　　　　仪式普遍存在于政治制度中。……它依循高度结构化和标准化的持续，有其特定的展演场所和时

1　司马迁：《史记》（卷四），第 2381—2382 页。本书此处引用重新划分了段落。

间，这些程序和时空都具有特殊的象征意义。重复性的仪式行为有时看似冗长，但这些因素也正是引导情绪、形成认知和组织社会群体的重要手段。……儒家学者早就理解仪式对于政府效能的重要性。他们认为，人们的行为并不是在主观上权衡利弊后的结果，而是取决于他们所参与的仪式。[1]

跟礼制有关但又不同的是，儒家的另一个主要政治功能在于为君主制中央官僚国家提供一整套意识形态与合法性叙事。一项关于汉朝儒学的历史研究指出：

儒学固然具有崇高的理想性格，也以其道德理想激励一代又一代的士人投入其怀抱；然而，儒学仍必须不断证明它有助于维护统治秩序，士人才有机会与帝国体制结合在一起，成为帝国稳定不可或缺的一部分，也才不会丧失改造世界的舞台。[2]

实际上，到了董仲舒时代，经由从先秦儒学向西汉儒学的转换，儒学通过阐发一系列与"尊君、大一

1　参见大卫·科泽《仪式、政治与权力》，王海洲译，江苏人民出版社，2015年，第3、12、16页。

2　林聪舜：《儒学与汉帝国意识形态》，上海人民出版社，2017年，第40页。

统、改制、受命、三纲、阴阳五行宇宙图式"等有关的理论，构筑了一整套西汉君主制帝国的意识形态和合法性叙事。[1]

此外，儒家学说给士人和民众提供了一整套政治伦理与行为准则，从而起到道德教化的作用。一方面，儒家学说是士人与官员的政治伦理。它不仅给他们灌输一套君尊臣卑、君君臣臣的忠君观念，而且鼓励和引导他们成为具有诸种德行的官僚体制成员或社会精英。按照陈来教授的看法，孔子倡导的德行包括温良恭俭让等性格德性、孝弟谨信等人伦德性、忠信等政治德性、智仁勇义等综合德性。[2]另一方面，儒家学说还通过一套国家推行的制度化机制，为全民提供基本价值观念与日常生活伦理。干春松教授认为，传统中国存在着一套制度化儒家的结构与机制，从而使儒学能够渗透普通民众、特别是社会积极分子的日常生活。这种制度化儒家的实践包括：儒家文本的经学化、孔子的圣人化、选举制度（举荐与科举）的儒家化、儒学教育传播的制度化，等等。[3]所以，总体上，儒家学说扮演着对士

1　林聪舜：《儒学与汉帝国意识形态》，第35—36页。

2　陈来：《儒学美德论》，读书·生活·新知三联书店，2019年，第373—436页。

3　干春松：《制度化儒家及其解体》，中国人民大学出版社，2003年，第17—26页。

人与民众进行道德教化的角色。对士人或者君主之下的官员来说，儒家提供的是一整套与导向善政的君主制相适应的价值观念、政治伦理与行为准则。

文学治国论，而非逻辑治国论

尽管儒家学说有其特定的优势，但作为一种政治理论，它也存在许多问题。如果以今天 21 世纪的眼光来看待儒家政治理论，它的问题就更多了。

首先，儒家政治理论的一个硬伤是，它常常讲的是跟政治有关的道德与伦理，却不大注重这种论述背后的逻辑。不能说儒家完全不讲逻辑，但至少儒家政治理论的逻辑是远不够严密的。葛瑞汉也认为，对于轴心时代的西方来说，"逻辑居于中心地位"，但逻辑和"理性证明"在中国的地位就要低得多。[1]

儒家一般怎么讲道理呢？它采用的基本上是一种高度文学化的，而不是逻辑严密的语言。我将其总结为"文学治国论"，而非"逻辑治国论"，即儒家常常以一种高度文学化的而非一种严格的合乎逻辑的方式来阐述其政治理论。所以，儒家政治理论常常在逻辑链条

1　葛瑞汉：《论道者：中国古代哲学论辩》，第 8—9 页。

上有所缺失。

孔子习惯于下论断，但他很少论述或分析这种确定性论断背后的逻辑。比如，《论语》多次提到有人向孔子"问政"，而孔子的惯常做法就是给出一个三言两语的论断，而且他每次的侧重点都有所不同。这里择要罗列孔子是怎样回答其他人"问政"的：

> 子贡问政。子曰："足食。足兵。民信之矣。"
>
> 齐景公问政于孔子。孔子对曰："君君，臣臣，父父，子子。"
>
> 子张问政。子曰："居之无倦，行之以忠。"
>
> 季康子问政于孔子。孔子对曰："政者，正也。子帅以正，孰敢不正？"（《论语·颜渊》）
>
> 子路问政。子曰："先之，劳之。"请益。曰："无倦。"
>
> 仲弓为季氏宰，问政。子曰："先有司，赦小过，举贤才。"
>
> 叶公问政。子曰："近者说，远者来。"
>
> 子夏为莒父宰，问政。子曰："无欲速，无见小利。欲速，则不达；见小利，则大事不成。"（《论语·子路》）

这八则关于问政的言论来自《论语·颜渊》与《论

语·子路》，除了最后一则有些简略的论证，其他全部都是不带任何论证的论断。每一则言论，讨论的其实都是如何为政的一个侧面，而不是要全面系统地回答其他人"问政"背后的普遍问题。以现代社会科学的标准，只下论断而不陈述理由、不讨论逻辑，显然不是好的论证方式。

跟孔子相比，孟子显然要雄辩得多。孟子阐述自己的理论，往往是洋洋洒洒、层层递进的论述。比如，孟子关于"上下交征利而国危矣"的论述，关于"舍生而取义者也"的论述，关于"得道者多助，失道者寡助"的论述，都相当雄辩。这些文字尽管很简短，却堪称思想史上的名篇。

即便如此，即便孟子在陈述观点之后还会有一定的分析与论证，但他在总结结论时常常是论断式的或断言式的。比如，在《孟子》一书中，他时常重复使用的两句话，一句是"然而不王者，未之有也"，另一句是"然而不亡者，未之有也"。每当出现其中一句，就是孟子论证自己观点的终点。如果用现代社会科学的方法跟孟子较真，那就会追问一句：您前面论述的道理，真的找不到一个相反的特例吗？所以，综合来看，无论孔子还是孟子，他们尽管阐述了许多重要的原创性思想和学说，但他们在逻辑上往往存在许多硬伤。实事求是地说，这是儒家政治理论的重要缺憾。

其次，儒家往往有着较强的崇古主义与复古主义思想。孔子说"吾从周"，他推崇的是西周的制度与礼仪，而周礼又在春秋战国之前。所以，从时间轴上看，儒家崇尚的是回到过去，恢复周礼，他们认为这样就可以避免礼崩乐坏的局面。这一理论的预设，是古代的礼乐世界是一种较为理想的状态。但西周早期是否真的存在过一个理想的礼乐世界，这本身就是一个问题。

固然，周文王、周武王、周公旦的德行与功绩往往是被反复称颂的。司马迁在《史记》中称：

> 西伯曰文王，遵后稷、公刘之业，则古公、公季之法，笃仁，敬老，慈少。礼下贤者，日中不暇食以待士，士以此多归之。[1]

关于周武王的德行，《史记》中说"武王克殷"之后仍然夜不能寐，操劳国事，忧虑周的天下能否长久。武王后来甚至选择"纵马于华山之阳，放牛于桃林之虚；偃干戈，振兵释旅：示天下不复用也"[2]。

1　司马迁：《史记》（卷四），第103页。
2　司马迁：《史记》（卷四），第114—115页。

《史记》对周公旦的评价极高，周公旦不仅两次辅助幼主，功高盖世后功成身退，而且还是西周礼乐制度的主要设计者。周成王在周公、召公辅佐下，"归在丰，作周官。兴正礼乐，度制于是改，而民和睦，颂声兴"[1]。

这大体上是史料对于西周兴起之时的德行、功绩、制度与礼乐的描绘，也是真实的西周早期历史在史书中的印象。但问题是，西周相对鼎盛和睦的时期似乎不长。

实际上，周武王过世不久，周王室内部就发生了严重叛乱。

> 成王少，周初定天下，周公恐诸侯畔周，公乃
> 摄行政当国。管叔、蔡叔群弟疑周公，与武庚作乱，
> 畔周。[2]

西周初年相对较为安宁的岁月，大体是周成王后期与周康王时期。《史记》说："故成康之际，天下安宁，刑错四十馀年不用。"然而，周康王之后，到了周昭王、周穆王时期，很快就"王道衰微"、"文武之道缺"了。[3]所以，即便西周初年可能存在过一个以"文武之道"作

1　司马迁：《史记》（卷四），第118页。
2　司马迁：《史记》（卷四），第117页。
3　司马迁：《史记》（卷四），第119页。

标签的理想模型，但这一政治模型并没有维持太久。[1]

简而言之，儒家是否定现在，肯定过去。这里的现在，就是春秋战国；这里的过去，就是西周早期文王、武王所治理的时代。但实际上，人们再也不可能回到三代或早期的西周。不仅时光无法倒流，而且经济、技术与观念的变化，也使得古代礼制对于春秋战国的人来说，可能只是一种美好的想象了。相比而言，基督教的主流观念也是否定现在，但它推崇的是未来。未来，教徒则要设法让自己进天堂，而不是入地狱。天堂，就是未来的美好世界。从时间轴上看，对基督教来说，美好的彼岸世界是在未来。这在思维方式上是鼓励人们往前看，而不是崇古主义或复古主义。

再次，儒家政治学说的另一个重要问题是，在儒家政治理论中，个人或抽象的个人并没有一个恰当的位置。换言之，个人的主体性是缺失的。拿孔子的文本来说，离开了人与人的关系，他基本上是没法讲道理的。你去请教孔子一些重要问题，他首先会界定你在一个人际关系网络中的角色，然后再讨论你该怎么做。个体本身是无足轻重的，甚至是不存在的，人始终是关系

1　关于西周政治基于青铜铭文的实证研究，参见李峰《西周的政体：中国早期的官僚制度和国家》，吴敏娜等译，生活·读书·新知三联书店，2010 年；李峰《西周的灭亡：中国早期国家的地理和政治危机》。

中的人。你是君，就有君的做法；你是臣，就有臣的做法。你是父，就有父的做法；你是子，就有子的做法。

　　当然，这并不意味着儒家完全无视个人。儒家讲修身、讲君子人格、讲个体对于文武之道的坚守，都涉及个人或自我的问题。总体上，儒家这方面的基调是：

　　　　我们每个人都要奉献自己最旺盛的精力和无条件的忠诚，为的是使我们自己成为一个真正的人。……如果一个人要成为一个真正高尚的人、一个君子，努力、忠诚、决心、毅力、勤奋，这些都是关键的必要品质。可以说，对孔子而言，那个伟大的任务就是"修身"或者说自我修养（self-cultivation），而不是自我迷失（self-loss），其间有一种合理的意义。[1]

　　但在孔子或儒家的框架中，个人的诸种努力都不是为了他自身，而是为了一种更高的伦理原则。简而言之，"修己"是为了"安人"，修身是为了"治国平天下"。

　　在整部《论语》中，唯一最具抽象个体观念的一

1　赫伯特·芬格莱特：《孔子：即凡而圣》，彭国翔、张华译，江苏人民出版社，2002年，第106页。

句话出现在《论语·卫灵公》：

> 子贡问曰："有一言而可以终身行之者乎？"
> 子曰："其恕乎！己所不欲，勿施于人。"

学生子贡向孔子请教，有没有什么可以奉行终身的原则，孔子的回答是"恕"，而他的解释则是"己所不欲，勿施于人"，意思是自己不想要的，也不要施加到他人身上。这句话中的己（自己）与人（他人）是一般的、抽象的，"己所不欲，勿施于人"这条原则也是一般的、抽象的。孔子的这一论述很接近世界各大主要宗教普遍认同的黄金法则（The Golden Rule）。比如，基督教《圣经·马太福音》上有这样一句话："所以，无论何事，你们愿意人怎样待你们，你们也要怎样待人，因为这就是律法和先知的道理。"（Whatever you wish that others would do to you, do also to them, for this is the Law and the Prophets.）

但除此以外，儒家基本上是没有抽象个体概念的。以今天的眼光来看，这就跟基本的现代观念产生了重大的分歧。自欧洲文艺复兴以来，个体逐渐在现代文明叙事中取得了某种程度的中心位置。所谓人本主义或人道主义，都是以人为本。这里的人，就是抽象的、无差别的个人。

到了十七、十八世纪的英国，个人的基本权利与自由更是逐渐成了支配性的观念。[1] 如今，世界上流行的这套制度与观念也是以抽象的个人作为基础与起点的。离开了个人——抽象个人——的基本权利，很多制度与法律就无从谈起。整个现代的市场秩序，本质上就是一种个人与个人的合作秩序。一个人到市场去交易，不需要问对方跟你是什么样的具体关系；一个公司要招聘员工，也不需要问应聘者跟你是什么样的具体关系。借用经济学家弗里德里希·哈耶克的说法，市场秩序是一种人类合作的扩展秩序。[2] 换言之，一个现代社会能够合理运作，所依赖的是一种非人格化的个人与个人的关系。这甚至也是现代官僚制能够良善运作的前提。[3]一旦抛开这种抽象的个人概念，或者抽象的个人与个人的关系，现代社会的许多制度与法律都是无法想象的，

1　罗伊·波特：《创造现代世界：英国启蒙运动钩沉》，李源等译，商务印书馆，2022年。

2　"人类合作的扩展秩序"（extended order of human cooperation）是哈耶克的重要概念，参见 F. A. Hayek, *The Fatal Conceit: The Errors of Socialism*, Chicago: University of Chicago Press, 1991。中译本见 F.A. 哈耶克《致命的自负》，冯克利、胡晋华译，中国社会科学出版社，2000年。

3　关于官僚制及其特征，参见马克斯·韦伯《经济与社会》（第二卷·上册），阎克文译，上海人民出版社，2009年，第1095—1144页。

今天基础性的社会规则都需要改写。

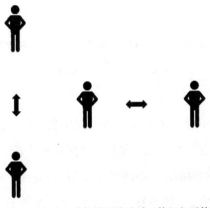

图 2.2　个体与个体的两种关系：等级与平等

　　图 2.2 展示两种个体与个体的关系，左图是上位与下位的关系，右图是平等关系。在儒家学说中，人与人之间的关系更接近于左图所示，大体上是一种上位与下位的关系，比如君臣、父子、兄弟、夫妻等，都是这样的关系。朋友，在儒家学说中算得上是一种最平等的关系，但朋友亦可以有长幼之分，长处于上位，幼处于下位。右图则是两个处在水平位置的对等的个体，或者是处在平等关系的个体。这种抽象的个人与个人的平等关系，跟抽象的个人概念其实是一体两面的。没有抽象的个人概念，也不会有抽象的个人与个人之间的平等关系。

比如，儒家经典《礼记·王制》关于不同的人如何一起走路，都有很详尽的礼制规矩：

> 道路，男子由右，妇人由左，车从中央。父之齿随行，兄之齿雁行，朋友不相逾。[1]

关于走路，儒家这里讲的规矩是：在道路上，男子应该靠右，女子应该靠左；跟父辈年长者一起走路，应该跟在他后面走；跟同辈年长者一起走路，应该略微靠后跟着他走；跟朋友一起走路，不要争先恐后地超过他。一个简简单单的走路，儒家学说都是基于男女有别、长幼有序的人际关系来确定正确的走路规则与礼仪的。可见，在儒家学说中，抽象的个人或个体通常是不存在的。

复次，儒家的政治理论总体上是政治伦理主义或道德主义的，而非制度主义的。这并不意味着儒家不讲制度，相反，儒家是很重视制度的，但他们重视的主要是礼制，即礼乐形式意义上的制度，而非现代社会科学意义上的制度。在今天的制度主义看来，制度主要是规制人与人互动的游戏规则，是一套激励与约

---

1 孙希旦：《礼记集解》，第 368 页。

束机制。[1]在政治领域，政治制度一方面要有利于形塑有效的政治权力与政府效能，另一方面要恰当地约束政治权力，使得政治权力在良善轨道上运行。[2]

儒家的治国理想是确立一套高标准的道德伦理规范，然后对士人和庶人进行普遍的教化，使其普遍养成恪守与尊重儒家伦理规范的观念和习惯，这样就能实现普遍的善治。但问题是，仅仅以道德教化为主，而不依赖一套行之有效的权力约束制度，真的能够约束人内心当中普遍存在的私欲和贪婪吗？从历史经验来看，这几乎不可能达成普遍的善治。重道德轻制度甚至可能还会造就一个伪善普遍流行的士人阶层。

最后，儒家学说的一个重大缺憾是缺少抽象思维和对一般规则的思考。当然，中国的传统思想模式常常都是重经验而轻理性，重具体而轻普遍，重叙事而轻逻辑。就儒家而言，其思维模式在思考问题时常常是具体的与特殊的，而非一般的与普遍的。比如，无论在孔子还是孟子的论述框架中，我们找不到永恒法则或永久秩序这样的概念。拿近代欧洲来说，或许是

1　参见道格拉斯·C. 诺思《经济史上的结构和变革》，厉以平译，商务印书馆，1992 年。

2　关于政治学新制度主义文献，参见詹姆斯·G. 马奇、约翰·P. 奥尔森《重新发现制度：政治的组织基础》，张伟译，生活·读书·新知三联书店，2011 年。

受到古典文明的影响，或许是受到基督教传统的左右，许多思想家与哲学家思考问题时常常有一种寻求永久秩序的理念。具体而言，1648 年签署的、构成《威斯特伐利亚和约》之一的《奥斯纳布吕克条约》第一条就有这样的文字："两者之间应该保持基督的普遍和平，永恒、真正和诚挚的和睦关系。"[1] 这意味着签约双方至少在表面意图上是为了构建一种永恒的普遍和平关系。到 1795 年，德国哲学家康德则撰写了《永久和平论》，目的也是探索人类如何能够寻求永久和平秩序的规则与逻辑。[2]

儒家学说很少会考虑永久普遍的秩序与规则。在一个可以想象的时间与空间条件下，如何维系一个永恒的秩序与规则，这是孔子与孟子这样的儒家学者不大会严肃思考的问题。他们更感兴趣的是当下的、眼前的问题，并为解决这些问题提供具体方案。或许是受到儒家文化的深刻影响，时至今日，我们往往比较擅长遇到一个问题解决一个问题，擅长权宜之计，但不太讲究抽象规则和永恒秩序。这其实是思维模式上的一个缺憾。

1　相关内容，参见李明倩《〈威斯特伐利亚和约〉与近代国际法》，商务印书馆，2018 年。
2　参见康德《历史理性批判文集》，何兆武译，商务印书馆，1990 年。

总之，以今天的标准来看，儒家并没有提供一个相对完整的政治理论。宋代名臣赵普所谓"半部论语治天下"的说法，显然也是一种过分的夸张。即便儒家提供了许多重要的政治观点，但就总体而言，儒家政治学说还算不上是一套较为全面系统的政治理论。

第三章

法家的政治想象：强君与霸业

重罚轻赏，则上爱民，民死上；重赏轻罚，则上不爱民，民不死上。……国无力而行知巧者，必亡。怯民使以刑，必勇，勇民使以赏，则死。怯民勇，勇民死，国无敌者，强，强，必王。

《商君书》

爱臣太亲，必危其身；人臣太贵，必易主位；主妾无等，必危嫡子；兄弟不服，必危社稷。臣闻千乘之君无备，必有百乘之臣在其侧，以徙其民而倾其国；万乘之君无备，必有千乘之家在其侧，以徙其威而倾其国。是以奸臣蕃息，主道衰亡。是故诸侯之博大，天子之害也；群臣之太富，君主之败也。

《韩非子》

君主危机与霸业困局

　　法家，是中国轴心时代的第二个重要的理论流派。在战国时代，由于许多国家都推行了以法家思想主导的改革，法家在那个时期就涌现出了许多代表人物，包括魏国的李悝、楚国的吴起、韩国的申不害、齐国的邹忌等法家改革家。但一般认为，最重要的法家代表人物，一个是商鞅，另一个是韩非。大体上，商鞅代表了战国时期法家改革实践家的高峰，韩非代表了法家政治理论家的高峰。

　　商鞅（前390—前338），本名公孙鞅，出身卫国较没落的贵族，"少好刑名之学"，后来曾经做过魏相国公叔座（又作公叔痤）的门客。公叔知公孙鞅大才，向魏慧王举荐，却不能为魏慧王所用。按照《史记》的记载："公叔既死，公孙鞅闻秦孝公下令国中求贤者，将修缪公之业，东复侵地，乃遂西入秦，因孝公宠臣景监以求见孝公。"三次见到秦孝公，公孙鞅三次分别以帝道、王道和霸道进言，最终以霸道打动秦孝公，甚至达到了"语数日不厌"的程度。由此，秦孝公重用公孙鞅，开启了秦国的法家改革，并奠定了后来秦国统一六国的政治基础。

　　根据史料记载，公孙鞅先后两次在秦国推行法家改革，获得很大的成功，封于商，故称商君或商鞅。然而，由于变法得罪了秦国宗室，商鞅最终因高层政治斗争而死于非命。[1]正如第一章提到的，后来流传的《商君书》真伪争议较大，但目前的主流观点是，《商君书》尽管并非商鞅本人的作品，但大体上反映了战国时期商鞅及法家的基本思想。

关于韩非（前280—前233），《史记·老子韩非列传》大体上介绍了其生平：

> 韩非者，韩之诸公子也。喜刑名法术之学，而其归本于黄老。非为人口吃，不能道说，而善著书。与李斯俱事荀卿，斯自以为不如非。

> 非见韩之削弱，数以书谏韩王，韩王不能用。于是韩非疾治国不务修明其法制，执势以御其臣下，富国强兵而以求人任贤，反举浮淫之蠹而加之于功实之上。以为儒者用文乱法，而侠者以武犯禁。宽则宠名誉之人，急则用介胄之士。今者所养非所用，所用非所养。悲廉直不容于邪枉之臣，观往者得失之变，故作孤愤、五蠹、内外储、说林、说难十馀万言。

1　司马迁：《史记》（卷三），第1971—1980页。

　　然韩非知说之难，为说难书甚具，终死于秦，
不能自脱。

　　……

　　人或传其书至秦。秦王见孤愤、五蠹之书，曰："嗟
乎，寡人得见此人与之游，死不恨矣！"李斯曰："此
韩非之所著书也。"秦因急攻韩。韩王始不用非，及急，
乃遣非使秦。秦王悦之，未信用。李斯、姚贾害之，
毁之曰："韩非，韩之诸公子也。今王欲并诸侯，非终
为韩不为秦，此人之情也。今王不用，久留而归之，
此自遗患也，不如以过法诛之。"秦王以为然，下吏
治非。李斯使人遗非药，使自杀。韩非欲自陈，不得见。
秦王后悔之，使人赦之，非已死矣。[1]

　　跟商鞅相比，韩非在实际政治领域并无大的建树，
当时的实际影响也远不及魏国的李悝、楚国的吴起、韩
国的申不害、齐国的邹忌等法家改革家，但由于若干
篇重要的著述——这些著述后来被收入《韩非子》，韩
非成为战国时期法家思想的代表人物与集大成者。到
了今天，就其历史地位而言，韩非是战国时期当之无
愧的法家首席理论家。当然，一般认为，《韩非子》一

1　司马迁：《史记》（卷三），第 1903—1911 页。

书仅有部分篇目系韩非本人作品，其他则系后人编撰，但大体也反映了韩非及法家的基本思想。

本书将以韩非和商鞅的理论为主，以《韩非子》与《商君书》为主要文本，系统论述和剖析先秦法家的政治理论。这里，首先要关注的是法家的问题意识。正如上一章所讨论的，儒家的问题意识是，春秋战国已然是一个礼崩乐坏的世界，如何恢复周朝的制度与礼仪呢？法家的问题意识与此完全不同，他们关注的首要问题是君主或诸侯的政治危机。这种政治危机，有可能是来自诸侯国内部的，也有可能是来自国与国之间的。法家关心的核心问题，是如何解决这种政治危机。进一步说，就政治目标而言，法家认为，如果一个国家或君主能够按照法家主张的方式去治理，那么这个国家或君主就能在诸侯并立的体系中称霸。帮助君主克服政治危机，以及帮助君主成就霸业，是法家的政治目标。

韩非的政治理论，基本上是从论述君主的危机开始，而君主的危机又首先始于身边的人。韩非一段常常被引用的话是："爱臣太亲，必危其身；人臣太贵，必易主位；主妾无等，必危嫡子；兄弟不服，必危社稷。"（《韩非子·爱臣》）[1] 韩非这段文字的问题意识，主要是

1　本书所引《韩非子》为王先慎编定的《韩非子集解》，参见王先慎《韩

君主时时刻刻都难以避免政治危机的发生，这种危机的源头又常常在于高层政治，包括爱臣、贵族、妻妾、王子、兄弟等。韩非认为，君主的首要问题是要克服潜在的政治危机，要防止高层"朋友圈"对自己权力的侵夺。

当然，从政治愿景或目标来说，如果君主能够有效控制与巩固政治权力，那么他就更有机会去追求霸业。《韩非子·初见秦》这样说：

> 今秦地折长补短，方数千里，名师数十百万。秦之号令赏罚，地形利害，天下莫若也。以此与天下，天下不足兼而有也。是故秦战未尝不克，攻未尝不取，所当未尝不破，开地数千里，此其大功也。然而兵甲顿，士民病，蓄积索，田畴荒，囷仓虚，四邻诸侯不服，霸王之名不成，此无异故，其谋臣皆不尽其忠也。

这段文字前面充分讨论了秦国的优势，但又指出了秦国的问题，这个问题就是"四邻诸侯不服，霸王之名不成"。韩非随后又说："赵当亡而不亡，秦当霸而不霸。"当然，他这里认为直接原因主要是"其谋臣皆

非子集解》，钟哲点校，中华书局，2013 年。下文凡涉及《韩非子》直接引用的，仅在正文标注篇目，不再加脚注及页码。

不尽其忠也"。韩非这样讲，当然有推销自己政治方案的考虑，而且让人联想到"同行是冤家"。但就这些论述本身来看，在韩非眼中，法家政治理论的主要价值在于帮助诸侯或君主实现霸业。

《商君书》则是开篇就强调，法家理论与改革的目标应该是成就诸侯或君主的霸业。《商君书·更法》曰："三代不同礼而王，五霸不同法而霸。"[1]可见，商鞅的问题意识非常明确，那就是成就君主王霸事业。之所以他要力主推动法家改革，就是为了成就诸侯的帝王霸业。这既是商鞅的问题意识，又是他的政治目标。

从内忧外患到君主的政治难题

对于一个诸侯或君主来说，从消极角度讲，他时刻都会面临政治危机，从积极角度讲，他难以成就霸业，这是为什么？对此，法家到底提供了什么样的理论解释？

在儒法道三家中，法家在逻辑上相对是较为严密的；但这并不代表本书更赞同法家的观点。只是说，跟儒家

1　本书所引《商君书》为石磊译注的《商君书》，参见《商君书》，石磊译注，中华书局，2016年。下文凡涉及《商君书》直接引用的，仅在正文标注篇目，不再加脚注及页码。

和道家相比，法家更能把论断建立在一个相对严密的逻辑分析之上。特别是，法家的分析往往能从基本的人性假设出发，从而使其政治理论有着更可靠的微观基础。

对于君主潜在的政治危机，法家的理论解释是，人都是自利的，每个接近最高权力或君主的人，都有可能成为君主潜在的竞争对手，如果君主不能恰当地综合运用"法术势"的手段，就随时面临失去政治权力的风险。

关于人的自利性，韩非受到了他老师荀子的重要影响。但韩非无疑是最早透彻论述"人的自利性"的主要思想家，甚至堪称"经济人假设"的理论鼻祖。他这样说：

> 医善吮人之伤，含人之血，非骨肉之亲也，利所加也。故舆人成舆，则欲人之富贵；匠人成棺，则欲人之夭死也。非舆人仁而匠人贼也，人不贵，则舆不售；人不死，则棺不买，情非憎人也，利在人之死也。（《韩非子·备内》）

韩非的这段话，几乎跟英国经济学家亚当·斯密关于"经济人假设"的论述完美匹配。斯密这样说：

> 我们每天所需的食料和饮料，不是出自屠户、酿酒家或烙面师的恩惠，而是出于他们自利的打算。

　　我们不说唤起他们利他心的话，而说唤起他们利己
心的话。我们不说自己有需要，而说对他们有利。[1]

　　在韩非的论述中，医者、舆人、匠人都是自利的
行为者，正如斯密的论述中屠户、酿酒家、烙面师都是
自利的行为者。难能可贵的是，韩非的论述要比斯密
的著作早了 2000 年左右。基于人的自利性，所有君主
身边的人，无论是他的大臣、贵族、妻妾、王子、兄弟，
都不会真心关心君主的利益，他们关心的都是他们自
身的利益，而当获取最高权力符合他们自身的利益时，
他们就会伺机获取最高权力，而置君主的利害于不顾。

　　在论述君主妻妾、王子与君主本人的关系时，韩
非的文字是直白而血腥的。他这样说：

　　　　丈夫年五十而好色未解也，妇人年三十而美色
　　衰矣。以衰美之妇人事好色之丈夫，则身见疏贱，
　　而子疑不为后，此后妃、夫人之所以冀其君之死者
　　也。唯母为后而子为主，则令无不行，禁无不止，
　　男女之乐不减于先君，而擅万乘不疑，此鸩毒扼昧
　　之所以用也。……故曰：利君死者众，则人主危。……

1　亚当·斯密：《国民财富的性质和原因的研究》（上册），郭大力、王
亚南译，商务印书馆，2005 年，第 14 页。

故后妃、夫人、太子之党成而欲君之死也，君不死，则势不重，情非憎君也，利在君之死也。故人主不可以不加心于利己死者。(《韩非子·备内》)

在韩非看来，在高层宫廷政治中，一旦妇人（王后、妃子）年老色衰，君主好色未解，王后、妃子的最大利益就是君主的速死。所以，对君主来说，这种危机是时时刻刻存在的。

当然，君主的危险不仅来自妇人和王子，而且来自各个方面。韩非说，君主要小心警惕八种人，这八种人都有可能让君主陷身险境。《韩非子·八奸》这样说：

凡人臣之所道成奸者有八术：一曰在同床。……二曰在旁。……三曰父兄。……四曰养殃。……五曰民萌。……六曰流行。……七曰威强。……八曰四方。……凡此八者，人臣之所以道成奸，世主所以壅劫，失其所有也，不可不察焉。

韩非还时常提醒君主，身边宠爱的重臣、宠臣往往是君主最危险的潜在对手。他这样说："万乘之患，大臣太重；千乘之患，左右太信；此人主之所公患也。"(《韩非子·孤愤》)这大体上就是法家，特别是韩非，关于为什么君主常常容易陷入政治危机的主要理论解释。

进一步说，法家还需要解释的是，为什么君主一般来说难以成就王霸事业。商鞅认为，成就王霸事业是需要一定条件的，特别是，诸侯国与君主应该聚焦于农战，这是成就王霸事业的主要条件。

农，就是农业，关系到一个诸侯国的粮食生产、经济力量、税收规模以及人口和兵员规模。战，就是战争与军事，是否拥有一支较大规模的强有力的军队，直接关系到一个诸侯国能否生存。

《商君书·农战》曰："国之所以兴者，农战也。"如果百姓都规避农战，而乐于从事其他，那么国家都无法成就王霸事业。商鞅说：

> 今境内之民，皆曰："农战可避，而官爵可得也。"……
>
> 豪杰务学《诗》、《书》，随从外权；要靡事商贾，为技艺，皆以避农战。民以此为教，则粟焉得无少，而兵焉得无弱也！

商鞅的意思很明白，如果人们能够通过别的生计过得很好，为什么要从事农战呢？正是循着这种思路，商鞅看到了更一般的深层问题。他认为："凡治国者，患民之散而不可抟也，是以圣人作壹，抟之也。"(《商君书·农战》)简而言之，当百姓有机会各谋生路时，大家就不会乐于从事农战了。所以，君主只有设计制度和规则，做到利出一孔，才能凝聚整个国家的大部分力量。只要君主无法推进法家所需要的变法，无法借助"圣人作壹"和"利出一孔"来推动农战，那么，就无法成就霸业。

综合来看，这就是法家关于君主为什么常常面临政治危机以及为什么难以成就霸业的理论解释。如果我们要逐字逐句地去解读韩非或商鞅的著作，就会发现他们每一部分的具体思想都比较复杂。但是，如果以社会科学理论与方法视角来做简化处理，法家的理论解释大体上就是上述内容。应该说，跟儒家相比，法家的政治理论在逻辑性上要强得多。法家分析问题，基本上是从个人出发的，进行逐步推导，然后再得出相应的结论。所以，法家的政治理论是有相对可靠的微观基础的。这是法家政治理论的一个重要特点。

法家方案的四个支柱：
强君、农战、法制、赏罚

面对这样的局面，法家的政治解决方案是什么呢？

实际上，上面的理论解释已经部分涉及了法家的政治
解决方案。简而言之，如同儒家的政治解决方案，法
家的政治解决方案同样可以总结为四个支柱，分别是
强君、农战、法制与赏罚，参见图 3.1。

　　需要说明的是，这四个支柱并非像图示那样是截然
分开的，而是彼此存在着密切的关系，甚至是你中有我、
我中有你的关系。比如，强君就跟法制有关，法制必然
涉及赏罚，赏罚又影响到农战，等等。所以，更准确地说，
法家解决方案并非互不相干的四个支柱，而是互相关
联的一整套政治解决方案。

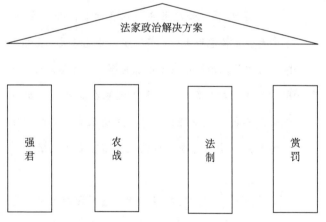

图 3.1　法家政治解决方案的四个支柱

强君

强君，可以说是韩非政治理论的核心内容。如果说商鞅更重视农战的话，那么，韩非最重视的就是强君。为什么韩非认为强君如此重要？上文的理论解释部分已经有许多讨论。韩非的主要逻辑是，人是自利的，君主身边的人都在觊觎君主的权力，所以，君主其实常常处在较为凶险的境地。

韩非甚至特别强调，跟君主最高权力最近的人往往是君主最大的潜在竞争者。他这样说：

> 爱臣太亲，必危其身；人臣太贵，必易主位；主妾无等，必危嫡子；兄弟不服，必危社稷。臣闻千乘之君无备，必有百乘之臣在其侧，以徙其民而倾其国；万乘之君无备，必有千乘之家在其侧，以徙其威而倾其国。是以奸臣蕃息，主道衰亡。是故诸侯之博大，天子之害也；群臣之太富，君主之败也。
>
> ……
>
> 昔者纣之亡，周之卑，皆从诸侯之博大也；晋之分也，齐之夺也，皆以群臣之太富也。夫燕、宋之所以弑其君者，皆以类也。（《韩非子·爱臣》）

在韩非看来，强君的第一条原则是君主要做到大权独揽，即君主应该善于用权。君主的理想状态应该是，"事在四方，要在中央。圣人执要，四方来效"（《韩非子·杨权》）。一旦大权旁落，君主就会面临政治危机，甚至国家就会败亡。《韩非子·杨权》这样说："一家二贵，事乃无功。夫妻持政，子无适从。"韩非还引用申子（即申不害）的话："独视者谓明，独听者谓聪。能独断者，故可以为天下主。"（《韩非子·外储说右上》）所以，韩非认为："明主之道，在……独断也。"（《韩非子·外储说右上》）商鞅这方面的观点跟韩非是类似的："权制独断于君，则威。"（《商君书·修权》）

反过来说，"权势不可以借人，上失其一，臣以为百。"（《韩非子·内储说下》）如果君主做不到大权独揽，就会出现相反的情况，即"今大臣执柄独断，而上弗知收，是人主不明也。"（《韩非子·孤愤》）结果，当然就是君主容易大权旁落，随之而来就是君主自身的政治危机。

强君的第二条原则是君主要注意控制臣下和身边的人，而不是反过来被他们控制。《韩非子·主道》这样说：

是故人主有五壅：臣闭其主曰壅，臣制财利曰

　　雍，臣擅行令曰雍，臣得行义曰雍，臣得树人曰雍。
臣闭其主，则主失位，臣制财利，则主失德，臣擅行令，
则主失制，臣得行义，则主失明，臣得树人，则主失党。
此人主之所以独擅也，非人臣之所以得操也。

　　韩非引用黄帝的话，所谓"上下一日百战"。从原
则说，韩非这方面的观点其实并不复杂，即政治实权不
是被君主控制，就是被臣下和君主身边的人控制，而
当后者控制政治实权后，就容易反过来控制君主。

　　强君的第三条的原则是君主要掌握一系列的统治
术。韩非强调君主应该做到深藏不露，因为只要君主
暴露自己的喜好与倾向，臣下就会主动迎合这种喜欢
与倾向，君主就会被蒙蔽。韩非这样说：

　　故越王好勇而民多轻死；楚灵王好细腰而国中
多饿人；齐桓公妒而好内，故竖刁自宫以治内；桓
公好味，易牙蒸其子首而进之；燕子哙好贤，故子
之明不受国。……故曰："去好去恶，群臣见素。"
群臣见素，则大君不蔽矣。（《韩非子·二柄》）

　　这意味着，君主只有深藏不露，才能免于被善于
迎合君主的臣下蒙蔽。

君主还应该做到自主决断，而不是以大臣的决断作为自己的决断。韩非这样说：

> 爱人，不独利也，待誉而后利之；憎人，不独害也，待非而后害之。然则人主无威而重在左右矣。恶自治之劳惮，使群臣辐凑之变，因传柄移藉，使杀生之机、夺予之要在大臣，如是者侵。（《韩非子·三守》）

这段话的核心意思是，如果君主做不到自主决断，而是依赖大臣的意见做出决断，或者干脆由大臣们代为处理政务，君主的权与威都容易逐渐向下转移，结果就是君主的大权旁落。

再比如，韩非甚至还讨论了君主如何考察臣下是否忠诚可靠的一系列手段，即所谓的"七术"与"六微"。韩非这样说：

> 主之所用也七术，所察也六微。七术：一曰众端参观，二曰必罚明威，三曰信赏尽能，四曰一听责下，五曰疑诏诡使，六曰挟知而问，七曰倒言反事。此七者，主之所用也。（《韩非子·内储说上》）
>
> 六微：一曰权借在下，二曰利异外借，三曰托

于似类，四曰利害有反，五曰参疑内争，六曰敌国
废置。此六者，主之所察也。(《韩非子·内储说下》)

按照现代政治的伦理标准，这里讨论的君主控制
臣下的七术六微，许多都是类似阴谋诡计的权术，但
在韩非看来，这是君主驾驭权力、控制臣下必须要用
的策略与手腕。

商鞅其实也有类似的观点。他这样说：

　　主操名利之柄而能致功名者，数也。圣人审权
以操柄，审数以使民。数者，臣主之术，而国之要
也。故万乘失数而不危，臣主失术而不乱者，未之
有也。(《商君书·算地》)

这段文字中的"数"和"术"，都是君主统治术的
意思。在商鞅眼中，君主掌握统治术，是国家大事（国
之要），也是国家安定（不乱）的根本。如果总结一下
法家对君主统治术的论述，那大体上可以用韩非的"三
守"来表述，即君主应该做到深藏不露、自主决断、大
权独揽。法家的观点是，君主掌握高超的统治术，是
克服君主潜在政治危机，同时有希望成就王霸事业的
条件与前提。

农战

　　法家一般都比较重视农战，而商鞅对农战的论述最为充分。商鞅认为，诸侯或君主想成就霸业，就需要聚焦于农战，努力发展农业，努力提升军队战斗力。问题是，国家应该怎样发展农战呢？商鞅这样说：

> 凡人主之所以劝民者，官爵也。国之所以兴者，农战也。今民求官爵，皆不以农战，而以巧言虚道，此谓劳民。劳民者，其国必无力。无力者，其国必削。（《商君书·农战》）

　　这段话的核心意思是，国家之所以兴旺强盛，关键在于农战。君主能够引导与控制民众的，主要就是官爵。如果民众不从事农战，也能得到官爵，那么国家的实力必定会削弱。如果君主不加干预和管制，那么民众谋生的路径与方式必定是多种多样的。按照商鞅的说法，"务学诗书""随从外权""靡事商贾""为技艺"，都可以"避农战"，同时是个人谋生的门路，甚至获功名、"得官爵"、成显达的可能选择（《商君书·农战》）。如此一来，许多人就不会选择在田地间从事农业生产和在战场上为国杀敌。《商君书·农战》这样说："圣人知治国之要，故令民归心于农。归心于农，则民朴而可正也。"问题是，如何真正使民归心于农呢？商鞅的思路很明确，就是"作壹"。《商君书·农战》这样说：

> 凡治国者，患民之散而不可抟也，是以圣人作壹，抟之也。
> ……
> 是以明君修政作壹，去无用，止浮学事淫之民，壹之农，然后国家可富，而民力可抟也。

这里的"圣人作壹"，是指君主能够控制利益的管道，这样才能使举国民众"去无用"、"壹之农"，即去除其他非农的产业与生计，而能够专注从事农业。这里的"抟"，大体上是凭借的意思。关于"圣人作壹"，商鞅的另一个解释是：

> 利出一孔，则国多物；出十孔，则国少物。守一者治，守十者乱。（《商君书·弱民》）

等实现了"圣人作壹"和"利出一孔"，商鞅认为，一个国家就能聚焦于农战。这就能实现一种较为理想的状态，即"故圣人之为国也，入令民以属农，出令民以计战。"（《商君书·算地》）这句话的意思是，"因此圣明的君主治理国家，在国内让民众来隶属于农业，对外让民众考虑对敌作战"。但问题是，"夫农，民之所苦；而战，民之所危也"（《商君书·算地》），如何能够让民众"喜农而乐战"（《商君书·壹言》）呢？办法就是上面讨论的"圣人作壹"。

法制

如果说儒家的治国方案是以德治国，那么，法家的治国方案就是以法治国。法家之所以被称为法家，是由于法、变法与法制在该思想流派中居于非常重要的地位。

《商君书》的第一篇主题就是"更法"，其中就含有一个法家的著名观点：

> 三代不同礼而王，五霸不同法而霸。
> ……
> 臣故曰："治世不一道，便国不必法古。"汤武之王也，不循古而兴；殷、夏之灭也，不易礼而亡。

不仅如此，韩非也有一个常常被后世引用的著名观点：

> 国无常强，无常弱。奉法者强，则国强，奉法
> 者弱，则国弱。（《韩非子·有度》）

关于法制，法家的第一个原则是要以法治国。《商君书·君臣》中的这段话堪称经典，甚至称得上法家的治国纲领：

> 古者未有君臣上下之时，民乱而不治。是以圣
> 人列贵贱，制爵位，立名号，以别君臣上下之义。
> 地广，民众，万物多，故分五官而守之。民众而奸
> 邪生，故立法制、为度量以禁之。是故有君臣之义、
> 五官之分、法制之禁，不可不慎也。
>
> 处君位而令不行，则危；五官分而无常，则乱；
> 法制设而私善行，则民不畏刑。君尊，则令行，官
> 修，则有常事，法制明，则民畏刑。法制不明，而
> 求民之从令也，不可得也。民不从令，而求君之尊
> 也，虽尧、舜之知，不能以治。
>
> 明王之治天下也，缘法而治，按功而赏。

韩非的观点也是类似的，他这样说：

> 释法术而心治，尧不能正一国；去规矩而妄意

> 度，奚仲不能成一轮；废尺寸而差短长，王尔不能半中。使中主守法术，拙匠守规矩尺寸，则万不失矣。(《韩非子·用人》)

这些文字强调的都是法和法制对于治理国家的重要性。没有法和法制，就无法实现有效的国家治理。

关于法制，法家的第二个原则是法的一致性。法必须要超越私人关系，无论贵贱，一视同仁。这样，法才能做到令行禁止，成为治国利器。否则，法的效力将会大打折扣，法制甚至可能名存实亡。韩非这样说：

> 明主之道，必明于公私之分，明法制，去私恩。夫令必行，禁必止，人主之公义也；必行其私，信于朋友，不可为赏劝，不可为罚沮，人臣之私义也。私义行则乱，公义行则治，故公私有分。人臣有私心，有公义。……明主在上，则人臣去私心行公义，乱主在上，则人臣去公义行私心。(《韩非子·饰邪》)
>
> 法不阿贵，绳不挠曲。法之所加，智者弗能辞，勇者弗敢争。刑过不避大臣，赏善不遗匹夫。(《韩非子·有度》)

关于法制，法家的第三个原则是变法是君主成就霸业的关键。《商君书》的开篇就是"更法"，即变法。该篇其实是秦国三位重要大臣商鞅、甘龙、杜挚在秦孝公面前的一场关于是否应该变法的辩论，最终商鞅说服秦孝公支持变法。这场辩论中有两次对话的文字是该篇的核心内容：

甘龙曰："不然。臣闻之：'圣人不易民而教，知者不变法而治。'因民而教者，不劳而功成；据法而治者，吏习而民安。今若变法，不循秦国之故，更礼以教民，臣恐天下之议君，愿孰察之。"

公孙鞅曰："子之所言，世俗之言也。夫常人安于故习，学者溺于所闻。此两者，所以居官守法，非所与论于法之外也。三代不同礼而王，五霸不同法而霸，故知者作法，而愚者制焉；贤者更礼，而不肖者拘焉。拘礼之人不足与言事；制法之人不足与论变。君无疑矣。"

杜挚曰："臣闻之：'利不百，不变法；功不十，不易器。'臣闻：'法古无过，循礼无邪。'君其图之。"

公孙鞅曰："前世不同教，何古之法？帝王不相复，何礼之循？伏羲、神农教而不诛，黄帝、尧、舜诛而不怒，及至文、武，各当时而立法，因事而制礼。礼法以时而定，制、令各顺其宜，兵甲器备各便其用。臣故曰：治世不一道，便国不必法古。汤、武之王也，不循古而兴；殷、夏之灭也，不易礼而亡。然则反古者未必可非，循礼者未足多是也。君无疑矣。"

　　这两次对话，一为甘龙诘问，商鞅作答，一为杜挚诘问，商鞅作答。

　　前两位大臣强调的都是"圣人不易民而教，知者不变法而治"，"法古无过，循礼无邪"，其基调是反对变法。商鞅的观点非常明确，"三代不同礼而王，五霸不同法而霸"，"治世不一道，便国不必法古"，只有变法才能与时俱进、因时而变，成就王霸事业。商鞅还专门以汤武的兴起和殷夏的灭亡为例来论证"不循古而兴"与"不易礼而亡"的道理。

　　在变法的问题上，韩非的观点跟商鞅如出一辙。《韩非子·五蠹》曰：

今有构木钻燧于夏后氏之世者，必为鲧、禹笑矣；有决渎于殷、周之世者，必为汤、武笑矣。然则今有美尧、舜、汤、武、禹之道于当今之世者，必为新圣笑矣。是以圣人不期修古，不法常可，论世之事，因为之备。宋人有耕田者，田中有株，兔走触株，折颈而死，因释其耒而守株，冀复得兔、兔不可复得，而身为宋国笑。今欲以先王之政，治当世之民，皆守株之类也。

韩非的意思很明确，过去有效的做法不见得今天依然有效，所以需要"不期修古，不法常可，论世之事，因为之备"。总之，治国要因时制宜、因时而变。如果想"以先王之政，治当世之民"，就犹如守株待兔般的愚昧。

关于变法，《韩非子·心度》还有一段总结性的论述：

故治民无常，唯治为法。法与时转则治，治与世宜则有功。故民朴而禁之以名则治，世知维之以刑则从。时移而治不易者乱，能治众而禁不变者削。故圣人之治民也，法与时移而禁与能变。

赏罚

在法家看来，法制固然很重要，但君主何以控制臣下和百姓呢？君主需要一个可以直接影响臣下与百姓利害得失的方法，这就是赏罚。《韩非子·饰邪》曰：

赏罚敬信，民虽寡，强。赏罚无度，国虽大，

> 兵弱者，地非其地，民非其民也。无地无民，尧、
> 舜不能以王，三代不能以强。

这段话的意思是，唯有正确的赏罚才能造就强大的国家，成就王霸事业。赏罚是君主控制臣下的主要方法，原因在于臣下畏惧杀戮而喜欢庆赏。《韩非子·二柄》这样说：

> 明主之所导制其臣者，二柄而已矣。二柄者，刑德也。何谓刑德？曰：杀戮之谓刑，庆赏之谓德。为人臣者畏诛罚而利庆赏，故人主自用其刑德，则群臣畏其威而归其利矣。

商鞅也赞同这样的观点。《商君书·禁使》曰："人主之所以禁使者，赏罚也。"在商鞅看来，君主能否用赏罚手段来控制臣下和百姓，是一个重要的政治问题。那么，君主采用怎样的赏罚手段更能控制臣下和百姓呢？商鞅的一个主张是"重刑少赏"。他这样说：

> 重罚轻赏，则上爱民，民死上；重赏轻罚，则上不爱民，民不死上。……国无力而行知巧者，必亡。怯民使以刑，必勇，勇民使以赏，则死。怯民勇，

勇民死，国无敌者，强，强，必王。（《商君书·去强》）

　　罚重，爵尊；赏轻，刑威。爵尊，上爱民；刑威，民死上。故兴国行罚，则民利，用赏，则上重。法详，则刑繁，法繁[1]，则刑省。民不治则乱，乱而治之又乱。（《商君书·说民》）

　　王者刑九赏一，强国刑七赏三，削国刑五赏五。（《商君书·去强》）

通过赏罚，君主甚至能够完全控制臣下与百姓的贫富。在商鞅看来，这是赏罚作为君主的统治手段发挥作用的良好状态。《商君书·去强》这样说："治国能令贫者富，富者贫，则国多力，多力者王。"《商君书·说民》则曰：

　　治国之举，贵令贫者富，富者贫。贫者富，国强；富者贫，三官无虱。

商鞅的另一个赏罚主张更趋于极致，就是前文所说的"利出一孔"。商鞅又常常称之为"作壹"。他的

1　此处"繁"字疑为"简"字，"法详，则刑繁，法简，则刑省"，更为合理。

逻辑其实并不复杂，君主强大、国家兴盛是因为农战，但民众不见得会"喜农而乐战"。如何让民众能够聚焦于农战呢？一个主要的策略，就是君主或国家控制了一个社会所有的营生途径与利益管道。这样，君主或国家想让百姓干什么，百姓就只能干什么了。

换句话说，君主想让民众重视农战，农战就能成为一国民众的主营业务。商鞅这样说：

> 利出一孔，则国多物；出十孔，则国少物。守一者治，守十者乱。（《商君书·弱民》）
> 利出一空者其国无敌；利出二空者其国半利；利出十空者其国不守。（《商君书·靳令》）

商鞅认为，君主如果将官爵跟农战联系起来，即唯有农战才能得官爵，这样，民众就更有动力去从事农战，而不会再去从事其他无关农战的事情。《商君书·农战》曰：

> 善为国者，其教民也，皆作壹而得官爵。是故不作壹，不官无爵。国去言则民朴，民朴则不淫。民见上利之从壹空出也，则作壹。作壹，则民不偷营。民不偷营，则多力。多力，则国强。

所以，商鞅的结论是：

> 圣人之为国也，壹赏，壹刑，壹教。壹赏，则
> 兵无敌；壹刑，则令行；壹教，则下听上。(《商君
> 书·赏刑》)

> 凡治国者，患民之散而不可抟也，是以圣人作
> 壹，抟之也。国作壹一岁者，十岁强；作壹十岁者，
> 百岁强；作壹百岁者，千岁强，千岁强者王。(《商
> 君书·农战》)

在法家看来，通过赏罚，特别是通过"重刑少赏"、
"利出一孔"，君主就能有效地控制臣下和民众的行为，
进而使得整个国家能够致力于农战。这样，就更能塑
造强国，成就王霸事业。

法家的理想国："要在中央"与"圣人作壹"

基于上述讨论，这里可以总结法家心中的理想社会
模型。法家的理想社会大致包括六个特征，即君主强大、
法制有效、赏罚分明、利出一孔、聚焦农战和成就霸业。

一、君主强大。没有强大而有为的君主，君主不
能以"法、术、势"方式掌握政治权力，不能有效地

控制臣下与民众，国家就容易陷入危机或混乱。实际上，法家的强君思想，不仅跟意大利哲学家马基雅维利在《君主论》中赋予君主重要角色的观点具有相似性，而且跟英国哲学家托马斯·霍布斯提出的唯有利维坦能够克服社会冲突或战争状态的观点类似。[1] 所以，法家在这方面的政治愿景是："事在四方，要在中央。圣人执要，四方来效。"（《韩非子·杨权》）

　　二、法制有效。法家之法，即法律之法、法制之法。在法家看来，一个社会无论崇尚人治——依靠君主变动不居的意志和官僚的巨大自由裁量权进行统治，还是崇尚德治——依靠道德教化进行统治，都不是理想状态，都不及法制更能够实现善治。商鞅这样说：

　　　　国之所以治者三：一曰法，二曰信，三曰权。法者，君臣之所共操也；……故立法明分，而不以私害法，则治。……君好法，则臣以法事君；君好言，则臣以言事君。君好法，则端直之士在前；君好言，则毁誉之臣在侧。（《商君书·修权》）

1　尼科洛·马基雅维利：《君主论》，潘汉典译，商务印书馆，1996 年；霍布斯：《利维坦》，黎思复、黎廷弼译，商务印书馆，1985 年。

韩非同样认为，惟有有效的法制才能实现"天下善治"。《韩非子·有度》曰：

> 故当今之时，能去私曲就公法者，民安而国治；能去私行行公法者，则兵强而敌弱。

三、赏罚分明，能够为法家理想社会提供有效的激励与约束机制。在法家看来，赏罚大权应该掌握在君主的手中。只要掌握了赏罚大权，君主就能按照自己的意图来治理国家和达成自己的政治目标。对于治国来说，韩非认为，"赏罚者，利器也"（《韩非子·内储说下》），强大而有为的君主往往懂得"循天顺人而明赏罚"（《韩非子·用人》）。当然，商鞅则更主张，要少赏多罚，罚大于赏，这样才能更有效地控制民众。

四、利出一孔，是君主可以号令天下的关键。"利出一孔"或"圣人作壹"，使得君主能够控制一切他想控制的资源，用于赏罚或鼓励农战。在法家思想家中，商鞅是作壹理论的最主要倡导者。在商鞅心中，法家的政治愿景是"壹赏，壹刑，壹教"（《商君书·赏刑》）。他的观点很明确，"守十者乱，守壹者治"（《商君书·勒令》）。

五、聚焦农战，是成就霸业的路径。在春秋战国这一长期的国家间竞争系统中，农战的重要性是显而易见的。没有强大的军队，一个诸侯国很难维系政治生存。没有充足的农业生产，就不会有足够的粮食、赋税与兵员。因此，农战结合的战略，最有利于诸侯与君主的政治生存，甚至是扩张与征服。在美国政治社会学家查尔斯·蒂利的眼中，一个国家或君主，谋求在国家间竞争系统中存续，唯有在军事竞争中胜出才有可能。[1] 就此而言，法家的基本思想其实是相似的。只是法家把国家间竞争的重点放在农战上。在商鞅看来，"国待农战而安，主待农战而尊"，这是"王之道也"。(《商君书·农战》) 韩非子则认为：

> 战士怠于行陈者，则兵弱也，农夫惰于田者，则国贫也。兵弱于敌，国贫于内，而不亡者，未之有也。(《韩非子·外储说左上》)

简而言之，国家不重视农战是会亡国的。只有重视农战，才有机会成就霸业。

六、成就霸业，是法家理想社会模型中的较高级

1　查尔斯·蒂利：《强制、资本和欧洲国家（公元 990—1992 年）》，魏洪钟译，陈尧校，上海人民出版社，2021 年。

目标。在《商君书》和《韩非子》的开篇，两位思想家就提出了他们的政治目标是协助君主成就霸业。《商君书》开篇说："三代不同礼而王，五霸不同法而霸。"接着又举出了"汤武之王"和"殷夏之灭"的历史案例，前者也是成就霸业的经典案例。《韩非子·初见秦》开篇就讲，韩非入秦是为了帮助秦国解决"霸王之名不成，四邻诸侯不朝"的问题，目标是要"成霸王之名，朝四邻诸侯"，即帮助秦国攻灭六国、成就霸业。

实际上，在这两部经典的后续篇章中，成就霸业始终是其主题。比如，商鞅常常提及"百人农，一人居者，王"，"作壹百岁者，千岁强，千岁强者王"等等。（《商君书·农战》）无论是重视农战，还是圣人作壹，目标是"王"，即成就王霸事业。韩非也反复强调霸王之功或霸王之业。比如，《韩非子·奸劫弑臣》曰："操法术之数，行重罚严诛，则可以致霸王之功。"《韩非子·六反》又曰：

> 圣人之治也，审于法禁，法禁明著则官法；必于赏罚，赏罚不阿则民用。官官治则国富，国富则兵强，而霸王之业成矣。

所以，称霸就是法家理想社会的主要政治愿景。

总之，君主强大、法制有效、赏罚分明、利出一孔、聚焦农战和成就霸业，大体就是法家理想社会模型的关键要素。这几个要素一方面是法家理想社会模型的不同侧面，另一方面又存在着一种层层递进的关系。君主强大，既是法家理想社会的最低纲领——这样才能维系君主的政治生存和克服君主的政治危机，又是法家理想社会的重要起点。在君主强大这一基础上，国家再通过一系列的政治努力，特别是法制有效、赏罚分明、利出一孔和聚焦农战，最终能够实现法家成就霸王的最高纲领。

性恶论与君主中心主义

自利

本章开头就已经提到，法家政治理论是基于一种特定的基本人性假设，即人是自利的。如上文所述，韩非堪称"经济人假设"的理论鼻祖。其中最重要的论述就是《韩非子·备内》的这段：

> 医善吮人之伤，含人之血，非骨肉之亲也，利所加也。故舆人成舆，则欲人之富贵；匠人成棺，则欲人之夭死也。非舆人仁而匠人贼也，人不贵，则舆不售；

人不死，则棺不买。情非憎人也，利在人之死也。

　　正是由于人的自利性，妻妾、王子与君主的关系都有可能是冷酷乃至血腥的。一旦妇人（王后、妃子）年老色衰，君主好色未解，当王后、妃子乃至王子的最大利益是君主速死时，君主就处在一种十分危险的境地。

　　不仅宫廷之内，君主跟大臣的关系也是类似的。大臣本身的利益，会在很大程度上决定大臣在君臣关系中的表现。

　　韩非就非常敏锐地注意到了君臣利益的不一致性：

　　　　万乘之患，大臣太重；千乘之患，左右太信：此人主之所公患也。且人臣有大罪，人主有大失，臣主之利与相异者也。何以明之哉？曰：主利在有能而任官，臣利在无能而得事；主利在有劳而爵禄，臣利在无功而富贵；主利在豪杰使能，臣利在朋党用私。是以国地削而私家富，主上卑而大臣重。故主失势而臣得国，主更称蕃臣，而相室剖符。此人臣之所以谲主便私也。……

　　　　大臣挟愚污之人，上与之欺主，下与之收利侵渔，朋党比周，相与一口，惑主败法，以乱士民，使国家危削，主上劳辱，此大罪也。

这段文字出自《韩非子·孤愤》，核心意思是君主与大臣的利益是相异的，即"臣主之利与相异者也"，大臣有可能为了自己的利益而结党营私、蒙骗君上。若君主不能洞悉这一切，就有可能面临大的祸患。

在韩非之前，商鞅同样秉承人性自利的观点，只是他的表述要隐晦得多。《商君书·算地》多处表达了对人性的基本判断：

> 民之性，饥而求食，劳而求佚，苦则索乐，辱则求荣，此民之情也。民之求利，失礼之法；求名，失性之常。

> 故民生则计利，死则虑名。名利之所出，不可不审也。利出于地，则民尽力；名出于战，则民致死。

> 羞辱劳苦者，民之所恶也；显荣佚乐者，民之所务也。

这三段文字的核心意思是非常接近的，即在商鞅看来，人的本性就是好逸恶劳、趋利避害的，但这未必是坏事。正是因为"人情而有好恶；故民可治"。

问题是，怎么治民呢？《商君书·错法》曰：

> 人君不可以不审好恶。好恶者，赏罚之本也。

> 夫人情好爵禄而恶刑罚，人君设二者以御民之志，
> 而立所欲焉。夫民力尽而爵随之；功立而赏随之。
> 人君能使其民信于此如明日月，则兵无敌矣。

简而言之，就是君主要考虑人的好恶，然后根据这个好恶来确定赏罚的依据。用这样的办法，君主就能有效管理和控制民众。

君主中心主义

尽管同样秉承经济人假设，但法家跟英国经济学家亚当·斯密的结论是完全不同的。后者假设人是自利的，然后走向了个人主义的、自由主义的市场经济理论和政府层面的自由放任学说。法家却走向了彻底的君主中心主义，或者君主专制主义。以英国近现代自由主义理论作为参照，中国轴心时代的法家就走向了经济人假设与君主中心主义的奇妙结合。这就关系到法家的另一个理论假设，即对个人与群体关系的理解。

当然，就历史背景或情境而言，法家走向君主中心主义也是可以理解的。春秋战国是一个诸侯征战的背景，是一个长时期的国家间竞争体系。事后来看，这一时期是中国从西周分封制逐步瓦解，诸侯国竞争和兼并，最终走向政治大一统的一个过程。所以，这

一时期主要思想家的主要顾客，既不是老百姓，也不是企业家，而是各诸侯国的君主。这些思想家主要就是服务于君主，而法家的这一特点尤为显著。

所以，法家尽管提出了经济人假设，认为人是自利的，但他们在整体上是服务于君主中心主义。君主如何克服自身的政治危机，如何强君和强国，如何称霸，是他们最关心的问题。商鞅和韩非作为法家两个最重要的代表人物，他们从个人职位或个人背景来说，都跟君主有相当的亲近感。商鞅是秦孝公时重要的变法改革家，韩非本身是韩国的公子，想说服秦王重用自己，只是没有成功。这是法家从经济人假设走向君主中心主义的时代与群体背景。

由于法家走向了彻底的君主中心主义，所以，在他们眼中，臣民和百姓只是君主的"工具人"。在一个君主追求霸业的农战体系中，个人只是扮演着一个粮食、税赋和兵源的供给者角色，而非一个有权利、尊严与利益的个体。所以，先秦法家的眼中只有君主与国家，个人与个体在相当程度上是不存在的。

全能主义国家和总体战

20 世纪中叶以来，关于极权主义或政治全能主义的研究逐渐兴起。无论是乔治·奥威尔《1984》这样

的政治寓言，还是汉娜·阿伦特《极权主义的起源》
这样的厚重研究专著，都给我们展示了一种可能的极
权主义或政治全能主义模型。在这种模型之下，政治
权力试图渗透到所有领域，并掌控一切。实际上，中
国轴心时代的法家政治理论，特别是商鞅的政治理论，
可以算得上是一个早期国家的全能主义模型。[1] 为了君
主的政治生存或者国家的强盛，商鞅试图让国家与君
主控制一切。既然要称霸，一个国家就必须要有比较
强的军事力量。为了拥有比较强的军事力量，一个国
家必须聚焦于农战。如何才能让老百姓的精力主要服
务于农战而不是别的呢？君主不仅要建立一个以官爵
为中心的赏罚体系，而且要把一个社会的其他生计路
径与利益管道都堵住，实现"利出一孔"，让从事农战
成为老百姓唯一可能的出路。这样一来，农战才能成
为整个国家的主要业务。

　　商鞅的政治理论不仅是一个早期的全能主义国家
模型，而且还是一个总体战（total war）模型。现代
的总体战理论是德国将军埃里希·鲁登道夫首先提出

1　关于极权主义，参见汉娜·阿伦特《极权主义的起源》，林骧华译，
生活·读书·新知三联书店，2008年；关于全能主义，参见邹谠《二十
世纪中国政治：从宏观历史与微观行动角度看》，牛津大学出版社，
1994年。

来的。[1] 以今日理解，总体战大体是指不仅将军事资源，而且将非军事资源，都作为可动员的战争资源进行的全面战争，并将战争优先性置于其他政治、经济与社会目标之上。商鞅的诸种论述，似乎最终来说都是在为那一天做准备，即一个诸侯国跟其他诸侯国进行决战的那一天。一旦这样思考问题，在法家眼中，君主就应该积极调动整个社会的所有可用资源，最终服务于提升一个国家在军事竞争中的战斗力，包括军队的数量规模与力量强弱。按照商鞅与韩非的方案，如果一个诸侯国能够实现强君，并采用赏罚、作壹的方式，聚焦于农战，那么这个诸侯国就有更大可能成就王霸之业，甚至最后统一天下。

　　公元前 4 世纪中叶，商鞅辅助秦孝公在秦国推行法家改革，获得很大成功。此后，不到一个半世纪的时间，秦始皇嬴政一一击破六国，最终统一天下。以商鞅的视角来看，这或许正是他总体战理论的实践过程。既然几个主要诸侯国之间的最终决战是不可避免的，那么，一个诸侯国或一个君主为什么不早做准备呢？这大体上可以算是商鞅的总体战逻辑。当然，可以想见，

1　关于总体战，参见埃里希·鲁登道夫《总体战》，戴耀先译，解放军出版社，2005 年。

在这一总体战逻辑中，个人的角色几乎是微不足道的，甚至完全可以忽略不计。个人的主要价值，不在于他本身，而在于他在整个国家追求政治生存或扩张兼并过程中可以起到一点作用。

早期国家构建理论与权力的技艺

综合来看，法家是中国先秦诸子百家中最重视逻辑的一个思想流派，其立论常常有较为可靠的微观基础。实际上，法家所开创的这种分析范式，被后世称为个人主义方法论；尽管许多人非常遗憾地看到法家最后导向了君主中心主义。

法家的分析是从抽象意义上的自利的个人开始的，由此判断臣子与民众的利益诉求和行为模式，然后推导出君主应该怎么做，国家应该怎么管理，最后实现称霸的政治愿景。在那个时代，跟儒家相比，法家在逻辑上要严密得多。如果说儒家是以倡导政治道德或政治伦理为主，那么，法家呈现的则是一套讲究逻辑分析的利益法则。

从实践来看，春秋战国时期，许多诸侯国与君主纷纷推进了法家风格的政治改革。比较著名的有魏国的李悝改革、楚国的吴起改革、韩国的申不害改革、齐国的邹忌改革以及秦国的商鞅改革，等等。其中，商鞅改革还直接奠定了秦国强盛以及后来统一天下的基础。那么，为什么法家思想能够在战国时期诸子百家的竞争中胜出，成为一种推动改革的支配性思想流派呢？

这里的根本原因，还是跟战国时期的政治历史情境有关。所有诸侯国和君主都面临着如何在国家间竞争格局中实现政治生存的问题。从消极目标来说，君主面临的是如何追求政治生存、不被周围强国征服的问题；从积极目标来说，君主或许还面临如何实现武力扩张、征服他国甚至统一天下的问题。

所以，春秋战国时期的诸侯国与君主关心的问题，用我们今天的政治学理论和术语来理解，它涉及的是中国早期国家构建（state building）的逻辑。

法家所主张或重视的强君、强兵、官僚制建设、法制建设、重视农业等，都跟国家构建的逻辑有关。比如，法家所重视的强君，跟欧洲中世纪晚期到近代民族国家兴起的逻辑非常相似，都强调要以强有力的君主来推动打破封建贵族对于政治权力的控制，推进国家疆域范围内的政治整合。再比如，法家重视农战，"农"关系到粮食生产、经济发展、税赋规模和兵源规模，"战"关系到国家间军事竞争格局中的实力和生存机会。上文也曾经提到，法家所主张的思想与所实施的改革，最符合查尔斯·蒂利后来论述的关于国家与战争互相塑造的逻辑。[1]但法家的思想与实践要比蒂利的理论早了2000多年。

法家政治理论最终导向的，其实是君主制中央集权官僚国家的模式，其政治论述很大程度上是在为君主制中央集权官僚国家提供理论基础和实践指导。如果说中国的战国时代从诸侯纷争到天下一统具有某种必然性的话，那么，法家的政治理论其实是适应了这种历史趋势与潮流。所以，在根本的逻辑上，法家的政治理论是最贴近君主制中央集权官僚国家的政治需要的。

即便汉武帝之后，儒家长期都是中国官方意识形态的正统，但中国历史学家一直有所谓外儒内法的说法，即中国治理模式是以儒家学说为表、以法家学说为里的表里结合。[2]这样，在整个中国历史长河中，法家始终占据着比较重要的地位。按照赵鼎新教授的研究，古代中国的政治模式可以称为"儒法国家"。[3]

进一步说，法家政治理论的一个副产品是跟权术有关的思想与策略。特别是韩非的理论，既把强君视为

1　参见查尔斯·蒂利《强制、资本和欧洲国家（公元 990—1992 年）》。

2　秦晖：《传统十论：本土社会的制度、文化及其变革》（修订版），山西人民出版社，2019 年，第 139—228 页。

3　参见赵鼎新《儒法国家：中国历史新论》。

一个根本的政治问题，又把强君视为一个技术性的策略问题。既然是策略问题，就一定关乎如何在上下关系之中运用政治权力的技艺。在法家"法、术、势"的分析框架中，术和势两项都涉及广义的权术问题。《韩非子》一书有大量篇章都涉及这个主题，特别是"爱臣""二柄""奸劫弑臣""南面""内储说上""内储说下"等诸篇。

这些对于君主来说，其实后来就演变为秘而不宣的统治术，但对士人与官员来说，就变成了一门有些幽暗色彩的学问，那就是权术或权谋学。从积极角度看，这种学问或许有助于士人或官场中人在复杂而不确定的君臣关系、上下关系中求得自保与政治生存。但从消极角度看，这种所谓的学问无非是加剧了这个君臣体系中的内耗，使得缺少互信、尔虞我诈、奸险斗争成为日常政治的常态。

正是因为这样，法家政治理论就以另一种方式存在于后世的政治传统中。尽管其作用和角色未必是积极的，但它确实成为君主制条件下许多士人与臣子的一种现实政治需要。这种政治需要为法家理论的另一种隐蔽存在提供了土壤。[1]

1　相关研究参见余华青《权术论：中国古代政治权术批判》，陕西人民出版社，1990年。

绝对君权与政治全能主义的悖论

当然，法家的政治理论在逻辑上也值得进行严肃的反思。以今天的标准来看，首要的问题是，法家关注的基本上是单纯的统治技术，其价值主张基本上是缺失的，或者说，法家并没有什么像样的或体面的价值主张。

法家学说的主要顾客是君主，他们关心的，第一是君主的生存，第二是君主的霸业。在春秋战国的大背景下，这对所有诸侯与君主来说固然是两件重要的大事，但法家几乎不讨论君主生存和诸侯称霸的更高级目的，比如，为了天下的福祉？为了百姓的生活？抑或，为了一个更高的目标？法家几乎毫不关注这样的问题。

如果君主生存和称霸本身就是目的，那么其导向的结果是非常可怕的。这意味着，在君主看来，天下的一切都可以是他实现政治生存和王霸事业的工具。在法家的理论框架中，君民关系基本上是单向的，普通民众常常被君主视为一种统治资源，而并无任何的主体性位置。所以，这不仅在伦理上是站不住脚的，而且在实践上往往会导致巨大的灾难。

从古到今，人类历史上有许多位高权重的政治人物，为了实现自己的目标和目的，造就了多少人间灾难！法家几乎不问君主的政治生存与王霸事业，跟一个社会的福祉、基本的政治伦理、一个良善的政治秩序之间的关系。无论是商鞅还是韩非，他们甚至没有说过一个人应该做一个好人，不管是君主、臣子，还是普通人。实际上，法家，特别是法家理论的集大成者韩非，对人性的看法是非常悲观的，任何政治道德意义上的教化，在韩非看来都是无力的。所以，他大体上也不会对此抱有什么善良的愿望。

就此而言，法家跟儒家在这方面的差异是很大的。儒家对人性抱有很大的期待，认为通过道德教化可以造就善的人和善的社会。儒家说"仁者爱人""己所不欲、勿施于人"等，都是劝人向善。儒家总体上秉承政治道德主义立场。这是其一。儒家尽管推崇周朝礼制，明确支持君主制，强调君臣礼仪，但他们同时认为君主统治不应该是为了君主本身，而应该是为了"天下善治"和百姓福祉。最具代表性的观点，就是孟子所说的"民为贵，社稷次之，君为轻"。这是其二。

其次的问题是，尽管很多君主欣赏法家，甚至把法家政治理论视为统治的原则，但法家很难成为官方意识形态。原因在于，法家政治理论在很大程度上是一种适合单独教授君主的、秘而不宣的统治术。就《韩非子》来说，它更适合的角色是君主的枕边书，而不是堂而皇之的、可供官学用于日常教学的治国指南。

　　韩非引用黄帝的话，所谓"上下一日百战"。在韩非眼中，君主与臣子固然是一种合作关系，但同时也是一种潜在的竞争或对手关系。韩非公开主张，君主需要懂得，臣子是不值得信任的，妻妾是不值得信任的，兄弟王子是不值得信任的，贵族是不值得信任的。只要条件允许，他们都有可能来争夺君主的最高权力。所以，君主很重要的工作，就是防范高层政治中各种各样的潜在对手。在韩非看来，君主身边的重要人物几乎全部都是潜在的权力竞争者。显而易见，这种政治理论是无法作为一种官方意识形态进行推广的。

　　正如上一章曾经提到的，孟子说：

　　　　君之视臣如手足，则臣视君如腹心；君之视臣如犬马，则臣视君如国人；君之视臣如土芥，则臣视君如寇雠。（《孟子·离娄下》）

　　如果以儒家标准来看，韩非所主张或认知的君臣关系就是寇雠关系或仇寇关系，或者说是一种冷酷的潜在竞争关系。所以，法家学说注定无法成为一种长久的官方意识形态。秦信奉法家，尽管统一天下，但国祚极短，两者之间恐怕不无关系。[1]

再次的问题是，在法家的政治理论中，君主处于核心地位，但君主本身作为一个个体，必然具有较大的不确定性——在知识、能力与德行方面，同时君主也具有所有人类个体都有的基本弱点。法家政治理论的一个重大缺憾，就是这套理论高度依赖于一个强有力的、具有高超权力技艺的君主。然而，潜在的君主是否具备这种素质，其实是高度不确定的。按照君主制的继承规则，大部分君主都出自国王或皇帝的家族，常常是前任君主的嫡系子孙。可以想见，这种依赖于继承制度产生的君主，在素质上具有很大的不稳定性。即便是开国君主——这样的君主，往往要么有着很强的军事征伐能力，要么有着高超的权力技艺，也不见得是符合法家学说的理想君主人选。法家学说秉承君主中心主义，但在其政治理论中，有一个高度不确定的变量，就是君主的知识、能力与德行，或者说就是君主的素质。既然君主素质是高度不确定的，那么法

1　许多学者都认为，秦朝国祚极短跟秦国将法家治国方案发挥到极致是有很大关系的。比如，贾谊在《过秦论》中认为："秦王怀贪鄙之心，行自奋之智，不信功臣，不亲士民。废王道而立私爱，焚文书而酷刑法，先诈力而后仁义，以暴虐为天下始。"贾谊这里所批评的，大体都是法家治国方案。参见贾谊《新书》卷一，方向东译注，中华书局，2012年，第10页。

家如何能保证这样的君主具有高超的掌握法术势的能力与技艺呢？如果这一点不能保证，法家又如何能保证按照他们的理论可以克服政治危机、乃至成就王霸事业呢？

与此相关的是，法家学说从未考虑给君主设置任何约束机制。法家感兴趣的主要是君主如何控制臣下、如何控制民众，但他们从未讨论过如何控制君主本身。即便出身非凡，即便经历特殊，但君主就其根本而言，仍然是一个并不特殊的人类个体——君主的卡里斯玛或超凡魅力往往来自君主制的礼仪或制度化的包装，甚至仍然是一个普通的肉身。这就意味着君主其实有着所有人都有的各种缺陷与弱点。如果没有约束机制，君主即便是一位强有力的、拥有高超的法术势技艺的统治者，也仍然无法保证他的统治会在法家认定的理想或理性轨道上运行。

基于现代政治理念，统治者的权力需要以宪法的、法治的、民主的和分权制衡的方式进行制约。一般而言，现代的民主法治方法是约束统治者的主要制度安排。[1]即便不考虑现代政治理念，跟法家不同的是，儒家主

1　比如，可以参见作为美国建国文本之一的《联邦党人文集》。汉密尔顿、杰伊、麦迪逊：《联邦党人文集》，程逢如译，商务印书馆，1980年。

张的是一套约束君主的规训和道德教化机制。大体上，儒家主张君主不应该为了自己的私利与欲望而进行统治，而应该基于天下的利益来进行统治，应该服从天道，应该有利于老百姓安居乐业。作为士人侍奉君主或入仕为官，儒家仍然对士人有着较高的道德伦理标准，所谓"有道则现，无道则隐"。总之，在儒家学说看来，道是高于君主的，天下是高于君主的，甚至百姓也是高于君主的。他们试图通过道德教化来培养和造就更好的君主。但法家不仅没有约束君主的任何理论，而且连这样的问题意识都没有。这当然也是法家政治理论存在的严重逻辑问题。

复次的问题是，法家的政治理论，特别是以《商君书》为模板的政治理论，其实是一个早期的政治全能主义模型。按照现代政治理论，全能主义或极权主义往往被视为一个现代政治现象，因为这种统治模型高度依赖于现代的通信技术和组织技术。[1] 古代社会缺乏这样发达的通信技术和组织技术，所以，任何一个古代社会都无法像 20 世纪的阿道夫·希特勒那样去建立一个由纳粹党掌控一切的社会。即便如此，如果不把现代技术条件视为全能主义的主要条件，那么《商君书》

1　参见汉娜·阿伦特《极权主义的起源》。

所构想的理想社会模型就是一个不折不扣的古代全能主义社会。

法家这一早期的全能主义社会模型的根本特征在于，国家或君主通过所谓"圣人作壹"和"利出一孔"来控制所有的资源，从而把所有民众的资源与精力都调动到君主想要的方向上。这个方向就是农和战两件事。这样，君主就能最大限度地挖掘本国的资源，可以进行更大规模的战争和军事动员，可以成就王霸事业。尽管古代社会既无法进行大规模的集会动员，又无法通过类似《1984》中的"电幕"来监控普通人的一举一动，但"圣人作壹""利出一孔"的基本思想，仍然是国家与君主尽可能地对整个社会的所有资源进行全面控制。英国哲学家卡尔·波普尔把柏拉图视为西方极权主义或全能主义的思想鼻祖——尽管这是富有争议的。[1] 如果以此为参照，商鞅大体上应该被视为东方极权主义或全能主义的思想鼻祖。

最后的问题是，在法家政治理论的指引下，一个社会几乎注定会陷入马尔萨斯陷阱而无力自拔。这里的马尔萨斯陷阱，是指工业革命之前的前现代社会经

---

[1] 卡尔·波普尔:《开放社会及其敌人（全二卷）》，陆衡等译，中国社会科学出版社，1999年。

济发展水平和人均收入无法实现长期稳定增长的现象。按照道格拉斯·诺思、曼瑟·奥尔森等人的研究，如果政治权力完全不受制约，所有资源都服务于统治和权力，那么这样的社会很难成为一个在经济资源配置上有效率的社会。[1] 其结果，往往就是陷入低水平的经济发展陷阱，也就是马尔萨斯陷阱。

商鞅的理想是让君主控制整个社会的全部资源，但无论按照哪一种政治经济学理论，这种社会都是很难获得经济发展和持续创新的社会。在激烈的国家间军事竞争格局下，商鞅设想的社会模型固然在战争中具有一定的优势——因为它更接近于一个总体战模型，但要是讨论非战争条件下的经济发展和持续创新，这种商鞅模式并无优势，一般来说，甚至还有重大的劣势。综合来看，法家倡导的这种制度与模型，很难塑造一个在经济上有活力与竞争力的社会。

1　道格纳斯 .C. 诺思：《经济史上的结构和变革》；曼瑟·奥尔森：《权力与繁荣》，苏长和、嵇飞译，上海人民出版社，2005 年。

第四章

道家的政治想象：循道与无为

民之饥，以其上食税之多，是以饥。民之难治，以其上之有为，是以难治。民之轻死，以其上求生之厚，是以轻死。

《道德经》

天地有大美而不言，四时有明法而不议，万物有成理而不说。圣人者，原天地之美而达万物之理。是故至人无为，大圣不作，观于天地之谓也。

《庄子》

一个偏离"道"的社会

在春秋战国时期三大主要思想流派中，道家跟儒法两派积极入世、寻求改善现实的倾向完全不同，多少显得有些超凡脱俗。

按照《汉书·艺文志》的说法："道家者流，盖出于史官，历记成败、存亡、祸福、古今之道，然后知秉要执本，清虚以自守，备弱以自持，此君人南面之术也。"[1] 这段文字包含了三层意思：一是道家源出于史官，二是道家之道乃是古今历史成败、存亡、祸福背后的道理，三是道家学问还是事关君主，特别是可能处于弱势地位君主的统治。按照战国史专家杨宽的说法，道家思想是有识之士对历史经验的总结，特别是，道往往是指"从历史上当政者的'成败、存亡、祸福'的变化中，总结出来的'古今'变化的自然规律"[2]。

道家的代表人物同样有不少，但首推老子与庄子。

老子到底是何人？司马迁似乎也不那么确定。在《史记·老子韩非列传》中，司马迁起初这样说：

1　班固：《汉书》，颜师古注，中华书局，2012 年，第 1537 页。

2　杨宽：《战国史》，第 511 页。

老子者，楚苦县厉乡曲仁里人也，姓李氏，名耳，字聃，周守藏室之史也。

孔子适周，将问礼于老子。老子曰："子所言者，其人与骨皆已朽矣，独其言在耳。且君子得其时则驾，不得其时则蓬累而行。吾闻之，良贾深藏若虚，君子盛德，容貌若愚。去子之骄气与多欲，态色与淫志，是皆无益于子之身。吾所以告子，若是而已。"孔子去，谓弟子曰："鸟，吾知其能飞；鱼，吾知其能游；兽，吾知其能走。走者可以为罔，游者可以为纶，飞者可以为矰。至于龙，吾不能知其乘风云而上天。吾今日见老子，其犹龙邪！"

老子修道德，其学以自隐无名为务。居周久之，见周之衰，乃遂去。至关，关令尹喜曰："子将隐矣，强为我著书。"于是老子乃著书上下篇，言道德之意五千馀言而去，莫知其所终。[1]

这段史料主要提供了三个方面的信息。第一是老子的姓名、地域和职业。大意是说，老子即李耳或李聃，楚国人，他生前系周中央政府图书馆与档案馆的史官。第二是孔子曾经"问礼于老子"，孔子还对老子

---

[1] 司马迁：《史记》（卷三），第 1897—1899 页。

有所评价，孔子认为老子深不可测，把他比喻成"龙"。
第三是老子看到周的衰败，决意离开，行至函谷关（一
说散关），关令尹喜请其著书，遂有了五千字的《道德
经》，流传后世。这些文字尽管非常简单，信息非常有限，
但把握住了老子的生平及其关键事件。

　　然而，这是否是真的老子？司马迁又有些不大确
定。所以，他又补撰了其他文字：

　　　　或曰：老莱子亦楚人也，著书十五篇，言道家
　　之用，与孔子同时云……

　　　　自孔子死之后百二十九年，而史记周太史儋见
　　秦献公曰："始秦与周合，合五百岁而离，离七十
　　岁而霸王者出焉。"或曰儋即老子，或曰非也，世
　　莫知其然否。老子，隐君子也。

　　　　老子之子名宗，宗为魏将，封于段干。宗子注，
　　注子宫，宫玄孙假，假仕于汉孝文帝。而假之子解
　　为胶西王卬太傅，因家于齐焉。[1]

　　这三段文字中的老子又是三个差异很大的古人。
第一段文字是说，老子是楚人老莱子，跟孔子同时代，

1　司马迁：《史记》（卷三），第 1903—1911 页。

主要事迹就是"著书十五篇"。第二段文字是说，周太史儋即老子，太史是周掌管文书起草、史事编撰、典礼祭祀的要职。第三段文字是说，老子乃是魏将宗的父亲。所以，其实老子到底是谁，司马迁也不大能够确定。由于关于老子的史料甚少，我们已经无从发现更为准确的信息。后世学者一般多采纳司马迁起初的说法，即老子就是李聃，系周守藏室的史官，曾经见过孔子，后著《道德经》，西出函谷关之后就不知所踪。

《史记·孔子世家》还有一段关于孔子见老子的记载：

> ……（孔子）适周问礼，盖见老子云。辞去，而老子送之曰："吾闻富贵者送人以财，仁人者送人以言。吾不能富贵，窃仁人之号，送子以言，曰：'聪明深察而近于死者，好议人者也。博辩广大危其身者，发人之恶者也。为人子者毋以有己，为人臣者毋以有己。'"[1]

这段史料的核心，除了记录孔子拜会老子这一事件，重点是老子告诫孔子的一则重要言论，翻译过来就

---

[1]　司马迁：《史记》（卷三），第 1711 页。

是"聪明深察的人受到死亡的威胁，那是因为他喜欢
议论别人；博学善辩识见广大的人遭遇困厄、危及自身，
那是因为他好揭发别人恶行。做子女的要忘掉自己而
心想父母，做臣下的要忘掉自己而心存君主"。

　　无论怎样，以这个经历来看，老子跟儒家的孔子、
孟子以及法家的商鞅、韩非有很大的不同。如果说后
者主要是实际政治的参与者，那么老子主要是实际政
治的旁观者。所以，就政治理论而言，老子也更容易
从旁观者的视角来理解政治。

　　关于庄子其人，《史记》的记载则更为简略：

　　　　庄子者，蒙人也，名周。周尝为蒙漆园吏，与
　　梁惠王、齐宣王同时。其学无所不窥，然其要本归
　　于老子之言。故其著书十馀万言，大抵率寓言也。
　　作渔父、盗跖、胠箧，以诋訿孔子之徒，以明老子
　　之术。畏累虚、亢桑子之属，皆空语无事实。然善
　　属书离辞，指事类情，用剽剥儒、墨，虽当世宿学
　　不能自解免也。其言洸洋自恣以适己，故自王公大
　　人不能器之。

　　　　楚威王闻庄周贤，使使厚币迎之，许以为相。
　　庄周笑谓楚使者曰："千金，重利；卿相，尊位也。
　　子独不见郊祭之牺牛乎？养食之数岁，衣以文绣，

以入大庙。当是之时，虽欲为孤豚，岂可得乎？子亟去，无污我。我宁游戏污渎之中自快，无为有国者所羁，终身不仕，以快吾志焉。"[1]

这段史料大体介绍了庄子的生平和他为学、为人的特点。庄子是梁惠王（前400—前319）、齐宣王（约前350—前301）同时代的人，生在宋国城邑蒙，只是蒙地的一个小官吏。但他的主要工作是著书，以寓言为主，写文章洋洋洒洒，有十余万字，核心意思是"诋訾孔子之徒，以明老子之术"。楚威王得知庄子贤能，有意重金聘任为相，而庄子不为所动，他的想法是"终身不仕，以快吾志"。庄子答楚威王使者问，不到百言，但也算得上是道家经典，更展现了庄子学问与人生选择的合一。

以老子和庄子为代表，道家的问题意识，如果用一句话来总结，那就是春秋战国时期早已是一个偏离"道"的社会。他们的目标则是回到一个合乎"道"的社会。所以，在一个偏离"道"的社会这一政治现实与一个合乎"道"的社会这一政治理想之间，存在着巨大的张力——这种张力就构成了道家进行理论论述的主要

<hr />

1　司马迁：《史记》（卷三），第 1901—1902 页。

动力。

那么，道家所谓的偏离"道"的社会，到底有哪些具体问题呢？老子说："不尚贤，使民不争；不贵难得之货，使民不为盗；不见可欲，使民心不乱。"[1]（《道德经·第三章》）他的另一段话则是："天下多忌讳，而民弥贫；民多利器，国家滋昏；人多伎巧，奇物滋起；法令滋彰，盗贼多有。"（《道德经·第五十七章》）这

---

[1] 魏晋时期经学家王弼（226—249）的注释本长期以来都是《道德经》的权威版本，也是后世广为流传的版本。问题是，《道德经》有无更早期、更权威的可信版本？这也是长期以来困扰学界的一个问题。1993年郭店楚简的发现，使大约成书于战国中期的《道德经》甲、乙、丙三个版本的残篇得以重见天日，再加上此前1973年马王堆出土的、大约成书于西汉早期的老子帛书甲、乙两个版本，基于最新简帛的《道德经》研究也出现了许多重要的新成果。但问题在于，不同简帛版本也不尽一致，且史学界、古文字界对许多学术问题尚有不同看法。比如，现有王弼注释本《道德经》第十九章有"绝圣弃智""绝仁弃义"的表述，马王堆帛书甲本的表述完全相同，但郭店简版本的表述则很不一样，而且由于古代楚国文字书写有辨识难题，目前比较具有共识的表述是"绝智弃辩""绝伪弃诈"，但"绝伪弃诈"四个古字又有"绝伪弃虑"的解读。参见裘锡圭《老子今研》，第65—80页；池田知久《郭店楚简〈老子〉新研究》，曹峰、孙佩霞译，江苏人民出版社，2022年，第25—35页；高明：《帛书老子校注（简体字本）》，中华书局，2023年。为了避免不必要的争议，以及考虑到作者的专业是政治学而非历史学或古文字学，所以，这项研究所引的《道德经》仍然是王弼注《老子道德经注》版本，参见王弼注《老子道德经注》，楼宇烈校释，中华书局，2011年。下文凡涉及《道德经》直接引用的，仅在正文标注篇章，不再加脚注及页码。凡有参考借鉴其他版本的，则在正文或注释中单独说明。

两段话的大意都是，民争、民为盗、民心乱、民弥贫，甚至国家滋昏，都是老子看到的比较严重的政治社会问题，而这些问题大体上都是由某种人为做法或社会风尚、政策法令所引起的。老子甚至提到，某些人为做法不仅不能实现它的目标，反而可能会导致相反的结果，比如"法令滋彰，盗贼多有"。

老子还注意到，许多严重的政治社会问题是由君主本身治理国家的方式、方法所引发的。比如，老子说："民之饥，以其上食税之多，是以饥。"（《道德经·第七十五章》）在老子看来，如果说民的饥饿（"民之饥"）是一个问题，那么这个问题很大程度上是由君主或国家相应的政策措施（"其上食税之多"）造成的。

老子还进一步批评了儒家的治国学说与政治解决方案。《道德经》有两段著名的话：

大道废，有仁义；慧智出，有大伪；六亲不和，有孝慈；国家昏乱，有忠臣。（《第十八章》）

故失道而后德，失德而后仁，失仁而后义，失义而后礼。夫礼者，忠信之薄而乱之首。（《第三十八章》）

　　这两段话包括了两层重要的意思。其一，人们之所以青睐儒家学说与治国方案，是因为大道被废弃了，即国家已经偏离了"道"。所以，一个社会的根本问题不在于没有实行儒家的治国学说，而在于偏离了"道"。比如，为什么需要"孝慈"呢？是因为"六亲不和"。为什么"六亲不和"呢？是因为偏离了"道"。再比如，为什么需要"忠臣"呢？是因为"国家昏乱"。为什么"国家昏乱"呢？还是因为偏离了"道"。既然这几段文字是直接批评儒家与孔子的，那么，这也可以佐证《道德经》的成书年代应该是晚于孔子的。

　　其二，儒家的治国方案不仅不能解决问题，反而会引发问题。老子认为，由于偏离了"道"，"德"才变得很重要；由于偏离了"德"，"仁"才变得很重要；由于偏离了"仁"，"义"才变得很重要；由于偏离了"义"，"礼"才变得很重要。在老子的框架中，只要偏离了"道"，然后采用儒家治国方案，基本上是"与时俱退"的。最终，儒家不得不走向尊崇礼制。但老子的观点是，"夫礼者，忠信之薄而乱之首"。尊崇礼制不仅不能解决问题，反而证明"忠信"的缺失，反而会引发治理的混乱。

　　在道家思想流派中，庄子是老子思想的主要传承者。《庄子·天地》有一句话，集中表达了庄子这方面的观点："治，乱之率也，北面之祸也，南面之贼也。"[1]这里的"治"，是指用人为的办法去治理，或者用人为的办法去统治天下的意思。整句话的含义是，用人为的办法去统治，是混乱的源头，是臣子和百姓（北面）的祸患，是君主（南面）的祸根。或者说，如果统治偏离了"道"，用偏离"道"的人为方式去统治，无论对君主还是对臣子和百姓，都是祸患，是天下大乱的源头。

《庄子·应帝王》有这样一则故事：

> 肩吾见狂接舆。狂接舆曰："日中始何以语女？"肩吾曰："告我：君人者，以己出经式义度，人孰敢不听而化诸！"狂接舆曰："是欺德也。其于治天下也，犹涉海凿河，而使蚊负山也。夫圣人之治也，治外乎？正而后行，确乎能其事者而已矣。且鸟高飞以避矰弋之害，鼷鼠深穴乎神丘之下以避熏凿之患，而曾二虫之无知！"

这是庄子虚构的肩吾与楚国的狂人隐士接舆之间的一场对话，还涉及另一位庄子虚构的人物日中始。由

1　本书所引《庄子》为郭象注《庄子注疏》版本，参见郭象注《庄子注疏》，成玄英疏，曹础基、黄兰发整理，中华书局，2011年。下文凡涉及《庄子》直接引用的，仅在正文标注篇目，不再加脚注及页码。

于这段古文略显复杂，这里全文翻译如下：

> 肩吾见到狂士接舆，狂士接舆说："日中始跟你说了些什么呢？"肩吾说："他告诉我：做国君的凭自己的意志制定法度，人民谁敢不听从而归化呢？"狂士接舆说："这是欺诳不实之德。他这样治理天下，就好像要在海里挖凿河道，让蚊子背负大山一样不可能办到。圣人治理天下，哪里只是用法度绳之于外呢？他顺从万物的自然真性而后治世，确实是遵循这样的自然之理罢了。况且鸟儿高飞来躲避罗网和弓箭的伤害，小家鼠在社坛底下挖洞来避开烟熏和挖掘的祸患，你竟不知道这两种小东西尚且能避害全身吗？"[1]

庄子在这场对话中，把君主"以己出经式义度"，即凭自己的意志制定法度，比喻为"涉海凿河""使蚉负山"——要在海里挖凿河道，让蚊子背负大山。真正的圣人之治，是"正而后行"，即合乎万物本性的治理，这才是合乎"道"的。

所以，庄子认为，但凡儒家所推崇的尧舜时代或

1　方勇译注：《庄子》，中华书局，2015年，第124页。

圣人之治，只要偏离了"道"，就不仅无法实现天下大治，还会导致与期初预期完全相反的严重后果。庄子还这样说：

> 举贤则民相轧，任知则民相盗。……吾语女：大乱之本，必生于尧、舜之间，其末存乎千世之后。千世之后，其必有人与人相食者也。（《庄子·庚桑楚》）
>
> 圣人已死，则大盗不起，天下平而无故矣。圣人不死，大盗不止。（《庄子·胠箧》）

"圣人不死，大盗不止"

上述讨论大体上已经揭示了道家论述问题的主要理论逻辑。更严格地说，道家解释国家昏乱的主要理论是：

一、世界上存在着两种秩序：一种是合乎"道"的自然秩序，一种是不合"道"的人为秩序。实际上，老子与庄子并未使用自然秩序的概念，但根据他们的著述与思想，可以想见，合乎"道"的秩序、免于人为设计和干预的秩序，就是自然秩序。

二、总有君主或学者试图主张用人为的方法去统治国家和社会，但这是不合"道"的。

三、这种人为的统治方法与政治秩序，由于不合"道"，最终只会导致国家昏乱。

四、如果想要真正恢复到天下大治的局面，唯一可行的做法就是放弃不合"道"的人为的统治秩序，回到合乎"道"的自然秩序。

庄子说："圣人不死，大盗不止。"意思是，只要圣人试图基于人为意志来建立一套统治秩序，就会偏离"道"，引发诸种社会问题。

当然，道家这里的理论解释，关键是涉及何谓"道"的问题。在道家看来，道大致上有两层含义：其一，道是万物之母、宇宙之源；其二，道是天下万事万物背后的自然法则。

《道德经》中有这样两段话：

> 有物混成，先天地生。寂兮寥兮，独立不改，周行而不殆，可以为天下母。吾不知其名，字之曰道，强为之名曰大。（《第二十五章》）
>
> 道生一，一生二，二生三，三生万物。（《第四十二章》）

在老子看来，道或大道是先于天地而生的，是"天下母"，万物皆生于道。所以，这里的"道"是万物之母、宇宙之源的意思。

关于道的第二种含义，《道德经》这样说：

> 上善若水。水善利万物而不争，处众人之所恶，故几于道。(《第八章》)
>
> 孔德之容，惟道是从。(《第二十一章》)

这里的一句是说，"水善利万物而不争，处众人之所恶"，所以，就接近于"道"了。另一句是说，大德的形态是紧随着"道"的。这里的"道"大体上是万事万物背后的自然法则的意思。《庄子》也有这样的类似文字：

> 何谓道？有天道，有人道。无为而尊者，天道也；有为而累者，人道也。主者，天道也；臣者，人道也。天道之与人道也，相去远矣，不可不察也。(《在宥》)

可见，道家的理论解释很大部分都可以归结为循道而为与违背大道之间的分野。本章第一部分已经提及，在道家看来，所有违背大道的做法，所有试图用不合

"道"的人为秩序来取代合乎"道"的自然秩序的做法，都会导致各种可能的问题，比如国家昏乱。庄子认为，任何统治只有合乎自然法则，才会有好的结果。

道家方案的四个支柱：
循道、柔弱、无为、弃智

老子与庄子这样的道家思想家心中，确实存在着某种合乎"道"的理想国。这一点后面还会讨论。问题是，他们所面对的现实政治，是春秋战国时期诸侯彼此征伐和天下大乱的局面。如何能够超越这种已然败坏的人为统治秩序，而以合乎"道"的方式来统治天下呢？道家究竟能够为此提供何种政治解决方案呢？本书将道家政治理论中的政治解决方案同样总结为四个支柱，分别是循道而为、柔弱处下、无为而治和绝圣弃智，参见图4.1。

循道而为

所谓循道而为，就是要根据万事万物背后的自然法则来顺势而为，要尊重合乎"道"的自然秩序，而不是根据人为的意志来强行统治，或者实行某种不合"道"的人为统治秩序。尽管在老子和庄子看来，道常

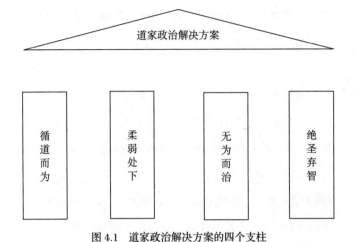

图 4.1　道家政治解决方案的四个支柱

常是不可捉摸的，正所谓"道可道，非常道"（《道德经·第一章》），或者，"夫道，有情有信，无为无形；可传而不可受，可得而不可见"（《庄子·大宗师》），但是，循道而为还是有许多原则可循的。

老子把道视为宇宙间最重要的力量与法则。他这样说：

　　　大道泛兮，其可左右。万物恃之而生而不辞，功成而不名有，衣养万物而不为主，常无欲。可名于小，万物归焉而不为主；可名为大，以其终不自为大，故能成其大。（《道德经·第三十四章》）

　　　故道生之，德畜之；长之育之；亭之毒之；养

之覆之。生而不有，为而不恃，长而不宰，是谓玄德。（《道德经·第五十一章》）

　　这两段话是老子关于道的重要论述，其含义有三。其一，道是无处不在的；其二，道孕育万物、成就万物；第三，道孕育万物却不占有，成就万物而不居功。所以，老子又说："道常无为而无不为。"（《道德经·第三十七章》）这意味着，大道永远是清静无为的，却又无所不能、成就万物。所以，人类社会最重要的原则就是道法自然。这也是老子最著名的表述之一："人法地，地法天，天法道，道法自然。"（《道德经·第二十五章》）

　　在庄子的论述中，宇宙间、自然界的一切都是由道所主宰的，道也是人世间一切的主宰力量。《庄子·天运》有一段这样的文字：

　　　　天其运乎？地其处乎？日月其争于所乎？孰主张是？孰维纲是？孰居无事推而行是？意者其有机缄而不得已邪？意者其运转而不能自止邪？云者为雨乎？雨者为云乎？孰隆施是？孰居无事淫乐而劝是？风起北方，一西一东，有上彷徨，孰嘘吸是？孰居无事而披拂是？敢问何故？

这段文字可以翻译如下：

> 天是运转在上吗？地是宁静处下吗？日月出没往来，是在同一轨道上相互追逐吗？是谁主宰而施行这一切呢？是谁维系着这一切呢？是谁闲居无事而推动运行着这一切呢？猜想是因为有某种机关的强行控制而使它不得不宁静的吗？猜想是因为运转不息而使它不能自止的吗？到底是云造雨呢，还是雨造云的呢？是谁兴云施雨的呢？是谁闲居无事兴云施雨而助成云雨的呢？风从北方兴起，风向时而往西，时而往东。在上空盘绕回翔，是谁吐气吸气而造成此风的呢？是谁闲居无事而扇动此风的呢？请问是什么缘故？[1]

在道家古典文献中，这段文字是最具自然科学色彩的。这段文字以"敢问何故"结尾。庄子的答案，当然是道。这跟西方近代科学革命以后，科学家普遍信奉宇宙万事万物背后有着某种确定的自然法则，已经非常接近了。尽管庄子是中国轴心时代最具自然科学精神的思想家之一（另一位应该是墨子），但他论述这些，

1　方勇译注：《庄子》，第226页。

并非真的要探究天地、日月、云雨、大风背后的具体科学逻辑，而是为了证明，道支配着自然界和宇宙的一切。既然道支配着一切，循道而为就是顺理成章的结论。

《庄子·知北游》篇这样说：

> 天地有大美而不言，四时有明法而不议，万物有成理而不说。圣人者，原天地之美而达万物之理。是故至人无为，大圣不作，观于天地之谓也。

在道家看来，"天地有大美""四时有明法""万物有成理"的背后就是道。所以，圣人不需要做别的，只需要效法天地自然背后的道。

《庄子》还有两段文字，进一步讨论统治应该遵循天道，使物自成。其中一段文字是：

> 明王之治，功盖天下而似不自己，化贷万物而民弗恃，有莫举名，使物自喜，立乎不测，而游于无有者也。（《应帝王》）

这段文字翻译成现代文就是：

> 明王治理天下，功绩布于四方却好像不归功于

自己，化育之德普施万物而百姓却不觉得有所依赖；有功德却无意于显露自己的名声，使万物欣然自得其所固有；立身于不可测识之地，遨游于至虚的境界。[1]

另一段文字是：

> 大圣之治天下也，摇荡民心，使之成教易俗，举灭其贼心而皆进其独志，若性之自为，而民不知其所由然。（《天地》）

其对应的现代文含义是：

> 圣人治理天下，因任民心，让他们得到教化而改变俗习，尽灭其有为之心而促进其得道之志，随顺人类本性的自由发展，而人们却没有意识到自己的本性正在自由发展着。[2]

这两段文字的核心意思是，好的统治或统治秩序，

1　方勇译注：《庄子》，第127页。
2　方勇译注：《庄子》，第192页。

都是君主或圣人遵循大道所指引的方向，顺应事物的本性，使民众与万物欣然自得地治理，同时，君主或圣人还有明确的功成而弗居的姿态。这也就是循道而为的统治。

循道而为的经典案例是记录在《庄子·养生主》中的"庖丁解牛"：

> 庖丁为文惠君解牛，手之所触，肩之所倚，足之所履，膝之所踦，砉然向然，奏刀騞然，莫不中音。合于《桑林》之舞，乃中《经首》之会。

> 文惠君曰："嘻！善哉！技盖至此乎？"

> 庖丁释刀对曰："臣之所好者道也，进乎技矣。始臣之解牛之时，所见无非牛者。三年之后，未尝见全牛也。方今之时，臣以神遇，而不以目视，官知止而神欲行。依乎天理，批大郤，导大窾，因其固然。技经肯綮之未尝，而况大軱乎！良庖岁更刀，割也；族庖月更刀，折也。今臣之刀十九年矣，所解数千牛矣，而刀刃若新发于硎。彼节者有间，而刀刃者无厚，以无厚入有间，恢恢乎其于游刃必有余地矣，是以十九年而刀刃若新发于硎。虽然，每至于族，吾见其难为，怵然为戒，视为止，行为迟。动刀甚微，謋然已解，如土委地。提刀而立，为之

四顾，为之踌躇满志，善刀而藏之。"

文惠君曰："善哉！吾闻庖丁之言，得养生焉。"

实际上，在庄子看来，庖丁解牛的最大秘诀就是循道而为。在这里，道的具体呈现就是牛的身体结构和骨骼走向，按照庖丁自己的说法，即"彼节者有间，而刀刃者无厚，以无厚入有间，恢恢乎其于游刃必有馀地矣"。正是由于顺势而为，所以庖丁解牛能做到事半功倍。

柔弱处下

在以老子为代表的道家思想中，柔弱处下是其哲学思想和政治理论的一项重要原则。如果说法家思想主要关心君主的实力与强大，那么道家思想恰恰与此相反，他们常常强调虚静、柔弱、处下、不争的选项。原因在于，道家思想强调，一是强弱地位是随时转换的，二是柔弱处下反而具有某种重要的优势。《道德经》通过对自然界的观察，阐发了处下的优势：

上善若水。水善利万物而不争，处众人之所恶，故几于道。居善地，心善渊，与善仁，言善信，正善治，事善能，动善时。夫唯不争，故无尤。(《第八章》)

江海所以能为百谷王者，以其善下之，故能为

百谷王。……以其不争，故天下莫能与之争。(《第六十六章》)

上善若水是老子反复讲述的原则。为什么说上善若水呢？因为水"利万物而不争"，"处众人之所恶"，所以，就接近于"道"了。由水再联想到江海，江海为"百谷王"是因为处下。处下，反而能成就上上者。老子的一般性总结是，"不争"，所以"天下莫能与之争"。老子进一步说："天之道，不争而善胜，不言而善应，不召而自来，繟然而善谋。"(《道德经·第七十三章》)老子甚至还这样比较柔弱与坚强的优劣：

> 人之生也柔弱，其死也坚强。万物草木之生也柔脆，其死也枯槁。故坚强者死之徒，柔弱者生之徒。是以兵强则灭，木强则折。强大处下，柔弱处上。(《道德经·第七十六章》)

老子这里又基于对自然现象的观察得到了跟许多人的体验感受不一样的结论。比如，一般认为坚强胜柔弱，但老子注意到，自然界的规律是"生也柔弱，其死也坚强"。无论是人，还是万物草木，皆是如此。所以，实际上是"强大处下，柔弱处上"。在论述这个原则时，老子甚至再次提到了水，水是天下至柔至弱，其他坚强事物却"莫之能胜"。他这样说：

> 天下莫柔弱于水，而攻坚强者莫之能胜，其无以易之。弱之胜强，柔之胜刚，天下莫不知，莫能行。（《道德经·第七十八章》）

道家还由柔弱处下的思想发展出一些重要的战略原则。比如，老子这样说：

> 将欲歙之，必固张之；将欲弱之，必固强之；将欲废之，必固兴之；将欲夺之，必固与之。是谓微明。柔弱胜刚强。（《道德经·第三十六章》）

这几句话强调的是，在与对手较量时，可以放任对手扩张来最终削弱或打败对手。老子称之为"含而不露的智慧"（微明），这种智慧也跟以柔弱处下的方式来应付世界有关。

无为而治

这里的无为而治，其实并不是完全不作为，而是遵循天道，在特定格局下采取顺应时势的消极状态，以达成某种积极的结果。那么，具体而言，如何才算无为呢？在道家著述中，无为而治可以总结为三个要点。要点一，无为应该是基本的治国原则。《道德经》这样论述：

> 是以圣人处无为之事，行不言之教；万物作焉而不辞，生而不有。为而不恃，功成而弗居。夫唯弗居，是以不去。(《第二章》)
>
> 为学日益，为道日损。损之又损，以至于无为。无为而无不为。取天下常以无事，及其有事，不足以取天下。(《第四十八章》)
>
> 是以圣人不行而知，不见而名，不为而成。(《第四十七章》)
>
> 以正治国，以奇用兵，以无事取天下。(《第五十七章》)

这几段话强调的核心意思都是圣人治国，都会顺应万物本身生长的规律，顺应时势本身的趋势，不强求有所作为，而是"处无为之事，行不言之教"，"以无事取天下"，达致"不为而成"。这里所谓的"以正治国"，同样是强调顺应万事万物本来的本性来治理国家。通过这样做，圣人就能达到"无为而无不为"的高级境地，即当圣人做到了真正的清净无为，就能顺利地完成一切事情。

关于治国应当恪守无为的原则，《庄子》亦有类似的思想。上文曾经讨论过庄子的一句名言，即"治，乱之率也，北面之祸也，南面之贼也"。简而言之，一切偏离"道"的试图有所作为的人为统治是混乱的根源。上文同样讨论过，君主根据自己的意志制定法度，举行统治，却违背了万事万物的本性，那就犹如"涉海凿河""使蚊负山"。

《庄子·在宥》中还有两段重要文字：

> 故君子不得已而临莅天下，莫若无为。
>
> 何谓道？有天道，有人道。无为而尊者，天道也；有为而累者，人道也。主者，天道也；臣者，人道也。天道之与人道也，相去远矣，不可不察也。

第一段文字是说，如果君主不得已要治理天下，那么最好的方式就是无为，或无为而治。庄子在这句话中亮出了自己的鲜明观点。第二段文字的重点则是天道与人道的区分。"无为而尊者，天道也；有为而累者，人道也。"君主治国，应该遵循天道，也就是应该无为而治。庄子还有类似的表述：

夫帝王之德，以天地为宗，以道德为主，以无
为为常。无为也，则用天下而有馀；有为也，则为
天下用而不足。故古之人贵夫无为也。（《庄子·天
道》）

进一步说，上文曾讨论过，人世间的许多苦难与
祸害，往往都是人主给社会施加了过多的束缚和限制
所造成的。老子说：

民之饥，以其上食税之多，是以饥。民之难治，
以其上之有为，是以难治。民之轻死，以其上求生
之厚，是以轻死。（《道德经·第七十五章》）

一言以蔽之，君上无为，才能减少给社会带来的
苦难与祸害。老子说："治大国若烹小鲜。"这句话的含
义是，圣人治国要减少对于整个社会不必要的折腾与
干扰。

要点二，无为是君主领导力的重要原则。老子在
这方面的名言是：

太上，不知有之；其次，亲而誉之；其次，畏

之；其次，侮之。[1]（《道德经·第十七章》）

老子在这里区分了四种政治领导力的境界，即"不知有之""亲而誉之""畏之""侮之"。一般的理解是，一个君主如果能够得到老百姓的亲近与赞誉，那就是最好的君主。但老子认为，这只是第二等的君主。只有老百姓没有感觉到存在的君主，才是第一等的君主。那么，什么样的君主老百姓会感觉不到他的存在呢？那就是无为而治的君主。老子进一步说："故圣人云：'我无为，而民自化；我好静，而民自正；我无事，而民自富；我无欲，而民自朴。'"（《道德经·第五十七章》）

这句话的含义是，只要君主无为无欲、好静无事，不人为干预社会运转和民众生活，老百姓就会自然而然地发展生产、经济富足、品行端正和为人淳朴。反

1　这段文字的主要争议，是第一句"太上，不知有之"。陈鼓应教授根据郭店简本（即1993年湖北荆门郭店村战国楚门出土的《老子》摘抄本），将其修订为"太上，下知有之"，意为"人们只是感觉到统治者的存在"。参见陈鼓应注译《老子今注今译》（参照简帛本最新修订版），商务印书馆，2016年，第141—144页。但此前许多主流译注版本，均采用"太上，不知有之"，意为"百姓感觉不到他的存在"。参见《道德经》，张景、张松辉译注，中华书局，2021年，第68—70页。该书底稿系王弼注《老子道德经注》，楼宇烈校释，中华书局，1980年。本书这里采用的是这一版本的文本及其诠释。但就领导力的境界来说，"不知有之"与"下知有之"，总体方向是一致的，只是程度上有所差异。

过来说，如果君主常常喜欢干预，那么他就更容易遭到领导力方面的挫败。相比而言，无为的统治者更不容易遭到失败。老子这样说：

> 为者败之，执者失之。是以圣人无为故无败；无执故无失。（《道德经·第六十四章》）

要点三，无为还指军事上不轻易用兵。如何在军事上贯彻无为的原则呢？一个主要的做法就是不轻易用兵。《道德经》有这样两段文字：

> 以道佐人主者，不以兵强天下。其事好还。师之所处，荆棘生焉。大军之后，必有凶年。（《第三十章》）
>
> 夫唯兵者，不祥之器，物或恶之，故有道者不处。……兵者，不祥之器，非君子之器，不得已而用之，恬淡为上。胜而不美，而美之者，是乐杀人。夫乐杀人者，则不可以得志于天下矣。（《第三十一章》）

这些文字大体上包括了三层意思。其一，如果以道治国，就不必常常用兵。这或许是道家过分理想的政治观点。但是，在道家看来，"以兵强天下"，用武力或战争来解决问题，显然不是合乎"道"的做法。其二，"兵者不祥之器，非君子之器，不得已而用之"。使用武力、动用军队和发动战争，绝不是什么好事情，只是在不得已的情况下才会用之。无论是君主还是君子，用兵都需要非常谨慎。其三，赞美武力和战争，是非常错误的做法。老子明确地说，在战争问题上，即便胜利，也是"胜而不美"。他还提醒道，"大军之后，必有凶年"。显然，在武力、用兵和战争的问题上，老子的思想跟以孙子为代表的兵家和以商鞅、韩非为代表的法家存在显著的差异。

绝圣弃智

　　这里所谓的"圣"和"智"，都是世俗的聪明巧智。绝圣弃智，就是要抛弃世俗的聪明巧智。[1]无论老子还是庄子，道家倾向于认为，世俗意义上的聪明巧智往

1　前文曾提到现有王弼注释本《道德经》第十九章有"绝圣弃智""绝仁弃义"的表述，而目前比较具有共识的表述是"绝智弃辩""绝伪弃诈"，但"绝伪弃诈"四个古字又有"绝伪弃虑"的解读。裘锡圭认为，老子不太可能赞同绝弃"圣""仁"和"义"。他的论述自有一套合理的逻辑。但目前王弼注释本《道德经》"绝圣弃智，民利百倍；绝仁弃义，民复孝慈；绝巧弃利，盗贼无有"的文本以及注释，在学理上也能给出恰当的解释。考虑到这也是马王堆西汉帛书的同一版本，本书仍然保留王弼注释本《道德经》在这一问题上的基本观点。

往会败坏一个社会合乎"道"的自然秩序。绝圣弃智，目的在于让人们回归较为淳朴的人性。只有当人们回归较为淳朴的人性，一个社会才有可能实现合乎"道"的自然秩序。

《道德经·第十九章》一段观点鲜明的文字是：

> 绝圣弃智，民利百倍；绝仁弃义，民复孝慈；绝巧弃利，盗贼无有。此三者以为文不足。故令有所属：见素抱朴，少私寡欲。

在老子看来，一个合乎"道"的社会应该做到"绝圣弃智""绝仁弃义""绝巧弃利"，这样才能使民众实现"见素抱朴""少私寡欲"。既然智民难治而愚民易治，那就不如实行愚民政策。所以，由绝圣弃智进一步推导出政府应该实行愚民政策，也是以老子为代表的道家思想的一个特点。老子说：

> 古之善为道者，非以明民，将以愚之。民之难治，以其智多。故以智治国，国之贼；不以智治国，国之福。（《道德经·第六十五章》）

《道德经》还有这样的文字：

> 是以圣人之治，虚其心，实其腹，弱其志，强其骨。常使民无知无欲。使夫知者不敢为也。为无为，则无不治。(《第三章》)

这意味着，在老子看来，实行"使民无知无欲"的政策，可以实现"无不治"的理想境地。

在绝圣弃智方面，庄子跟老子如出一辙。《庄子·胠箧》还有两段这样的文字：

> 故绝圣弃知，大盗乃止；擿玉毁珠，小盗不起；焚符破玺，而民朴鄙；掊斗折衡，而民不争；殚残天下之圣法，而民始可与论议。擢乱六律，铄绝竽瑟，塞瞽旷之耳，而天下始人含其聪矣；灭文章，散五采，胶离朱之目，而天下始人含其明矣；毁绝钩绳而弃规矩，攦工倕之指，而天下始人有其巧矣。故曰："大巧若拙。"
>
> 上诚好知而无道，则天下大乱矣。……故天下每每大乱，罪在于好知。故天下皆知求其所不知而莫知求其所已知者，皆知非其所不善而莫知非其所已善者，是以大乱。

这两段文字的现代文含义是：

所以抛弃聪明智巧，大盗才能停止；毁弃珠玉，小盗就没有了；烧毁符印，人民就可复归纯朴；击破斗秤，人民就不会相争了；全部毁弃天下的圣人之法，人民才可以参与议论；搅乱六律音调，销毁管弦乐器，塞住师旷的耳朵，天下的人才能保全灵敏的听觉；毁灭文饰，拆散五采，粘住离朱的眼睛，天下的人才能保全清楚的视觉；毁断画曲线和直线的钩绳，抛弃画圆形和方形的规矩，折断工的手指，天下的人才能保全高超的技巧。所以说："最大的智巧好像很笨拙一样。"

高居上位的人喜好智巧而摒弃大道，天下就会大乱。……所以天下每每大乱，罪过便在于喜好智巧。天下的人只知道追求他们所不知道的知识，而并不知道探求他们分内已经认识的事物；只知道谴责他们认为暴君大盗的不好行为，而并不知道批判曾经认为圣君仁义的伪善，因此天下才会大乱。[1]

所以，庄子在这个问题上是老子思想的忠实拥护者。他同样认为："绝圣弃知而天下大治。"（《庄子·在宥》）

----

1 方勇译注：《庄子》，第154、156—157页。

道家的乌托邦："小国寡民"与"至德之世"

到底如何理解道家的理想社会模型呢？老子和庄子在他们的著述中分别有一段文字，大体代表了道家心中的理想社会。老子这样说：

> 小国寡民。使有什伯之器而不用；使民重死而不远徙。虽有舟舆，无所乘之，虽有甲兵，无所陈之；使人复结绳而用之。
>
> 甘其食，美其服，安其居，乐其俗。邻国相望，鸡犬之声相闻，民至老死，不相往来。（《道德经·第八十章》）

这也是《道德经》中较为著名的一段话，描绘的是老子心中的道家理想国。这里包含了几层意思，其一是道家的理想社会国家规模要小，人口要少，即所谓"小国寡民"；其二是国与国之间既不交战，亦不往来，人们也无须远行；其三是人们安居乐业，美好淳朴，即"甘其食，美其服，安其居，乐其俗"；其四是正是由于这样的生活，人们甚至无须发展文字，可以真正做到"绝圣弃智"，甚至可以回到"结绳"记事的状态。

庄子也在其《庄子·马蹄》中描绘了他的道家理

想国：

> 吾意善治天下者不然。彼民有常性，织而衣，耕而食，是谓同德；一而不党，命曰天放。
>
> 故至德之世，其行填填，其视颠颠。当是时也，山无蹊隧，泽无舟梁；万物群生，连属其乡；禽兽成群，草木遂长。是故禽兽可系羁而游，鸟鹊之巢可攀援而窥。
>
> 夫至德之世，同与禽兽居，族与万物并，恶乎知君子小人哉！同乎无知，其德不离；同乎无欲，是谓素朴；素朴而民性得矣。
>
> 及至圣人，蹩躠为仁，踶跂为义，而天下始疑矣；澶漫为乐，摘僻为礼，而天下始分矣。
>
> 故纯朴不残，孰为牺尊？白玉不毁，孰为珪璋？道德不废，安取仁义？性情不离，安用礼乐？五色不乱，孰为文采？五声不乱，孰应六律？
>
> 夫残朴以为器，工匠之罪也；毁道德以为仁义，圣人之过也。

这段话略显深奥，这里将其翻译成现代汉语如下：

> 我认为善于治理天下的人不是这样的。人民有

自然的本性，他们织出布来穿，种出粮食来吃，这就是共同的本能；浑然纯一，而无所偏私，这就是放任自乐。

所以至德的时代，人民的行为持重，朴拙无心。在那个时候，山中没有路径通道，水上没有船只桥梁。万物都生长在一起，居住的地方互相毗连；飞禽走兽成群结队，花草树木繁茂生长。因而禽兽可任人牵着到各处游玩，鸟鹊的窠巢可以攀援上去窥望。

在至德的时代，人与禽兽混杂而居，和万物生活在一起，哪里有君子小人的区别呢？人们都不用智巧，本性就不会离失；人们都不贪欲，所以都纯真朴实；纯真朴实便能保持人民的本性了。

等到圣人出现，勉强用力，挖空心思地推行仁义，天下的人们才开始疑惑；放纵逸乐，烦屑拘泥地追求礼乐，天下的人们才开始变坏。

所以原始的木材不被雕斫，怎么会有酒器？洁白的璞玉不被毁坏，怎么会有珪璋？道德不被废驰，哪会有仁义？真性不被离弃，哪会用礼乐？五色不被搅乱，怎会有文采？五声不被错乱，怎会合六律？

损坏原木来做器具，那是工匠的罪过；毁坏道德来推行仁义，这是圣人的过错。[1]

庄子这段话区分了两个不同的时代，其实也是两种不同的秩序，一是合乎"道"的"至德之世"，二是圣人或君主出现之后的现世。在庄子看来，正是圣人出现，重视仁义礼乐，这个世界才开始变坏的。所以，问题的关键是要回归到"至德之世"自然淳朴的状态，这才是接近于"道"的状态。

那么，庄子心中的道家理想国有哪些特征呢？其一是人们根据自然的本性来生活，放任自乐；其二是整个社会自然原始古朴的状态，万物一并生长，人与禽兽杂居，彼此亲近和睦；其三是由于不用智巧，人的本性没有迷失，自然淳朴。但在庄子看来，等到圣人出现，人为秩序开始推行，自然秩序就败坏了，人心也就混乱了，世界才开始变坏了。

如果综合《道德经》《庄子》等道家经典文本来看，就会发现，道家学说中存在着一个较为清晰的理想社会模型，包括五个要素，分别是：君上无为、人民淳朴、自然秩序、社会原始与整体和谐。

首先是君上无为。君上无为，从积极角度讲，是

1　方勇译注：《庄子》，第146页。译文内容与段落格式略有调整。

统治要尊重万事万物背后的自然法则，顺应万事万物的本性，顺势而为；从消极角度讲，是统治不要根据人为意志和人为秩序来干预本来合乎"道"的既有秩序。无论老子所说的"是以圣人处无为之事，行不言之教""治大国若烹小鲜"，还是庄子所说的"故君子不得已而临邪天下，莫若无为""夫帝王之德，以天地为宗，以道德为主，以无为为常"，都是强调君上要实行无为而治。

其次是民众淳朴。只要统治合乎"道"，不尚贤尚智，而是绝圣弃智，甚至实行愚民政策，就能让民众恢复淳朴良善的本性，达致"见素抱朴，少私寡欲"的状态，甚至是"复归于婴儿"。根据道家政治理论，民众淳朴良善也是合乎"道"的理想政治秩序的一部分。一旦民众这种朴素的本性遭到败坏，就不可能实现道家理想国了。

再次是自然秩序。这种自然秩序，简而言之，有两个基本特点：一是合乎"道"的、基于人的淳朴良善本性的某种较为原初的自发秩序，二是没有君主将自己的意志或某种人为秩序强加于这种自发秩序之上。在道家看来，"天地有大美而不言，四时有明法而不议，万物有成理而不说"——这些现象的背后是无处不在的自然法则，也就是道。在这种由"道"所支配和主宰的自然秩序面前，任何人为秩序或经由君主干预所建立的秩序，都不是道家心中的最优状态。

《庄子·在宥》的一段文字大体代表了道家心中较为理想的自然秩序：

> 闻在宥天下，不闻治天下也。在之也者，恐天下之淫其性也；宥之也者，恐天下之迁其德也。天下不淫其性，不迁其德，有治天下者哉！昔尧之治天下也，使天下欣欣焉人乐其性，是不恬也；桀之治天下也，使天下瘁瘁焉人苦其性，是不愉也。夫不恬不愉，非德也。非德也而可长久者，天下无之。

这段话有些深奥，这里将其翻译成现代汉语如下：

> 只听说任天下自由发展，而没有听说对天下加以人为的治理。所谓优游自在，是怕天下的人扰乱自然本性；所谓宽容自得，是怕天下的人改变自然德性。天下的人不扰乱自然本性，不改变自然德性，又哪里用得着人为的治理呢？从前尧治理天下的时候，使天下人都高高兴兴，各乐其本性，这是心神不恬静；桀治理天下的时候，使天下人都感到忧虑，各苦其本性，这是心神不愉悦。不恬静或不愉悦，都不是自然无为的德性。不是自然无为的德性而可

以长久统治的，天下没有这样的事。[1]

复次是社会原始。道家的政治理想国有着较浓厚的复古主义色彩，或强烈的怀古情结（worship of the primitive）。无论是老子心中的小国寡民，还是庄子心中的至德之世，都有几个共同特点：一是国家规模较小，二是生产与技术较为原始，三是共同体内人与人甚至人与兽之间的关系原始而和睦，四是基本反对技术进步。老子心中的理想社会，包括了"什伯之器……不用""舟舆无所乘""复结绳"等特点。庄子则反问："原始的木材不被雕斫，怎么会有酒器？洁白的璞玉不被毁坏，怎么会有珪璋？"在他看来，原始的木材要优于人造的酒器，洁白的璞玉要优于人造的珪璋。

道家反对技术进步，渴望回归一种原始淳朴的生活，这可以在《庄子·天地》找到一个最好的例证：

子贡南游于楚，反于晋，过汉阴，见一丈人方将为圃畦，凿隧而入井，抱瓮而出灌，搰搰然用力甚多而见功寡。

子贡曰："有械于此，一日浸百畦，用力甚寡

1　方勇译注：《庄子》，第 161 页。

而见功多，夫子不欲乎？"

　　为圃者卬而视之曰："奈何？"曰："凿木为机，后重前轻，挈水若抽，数如泆汤，其名为槔。"

　　为圃者忿然作色而笑曰："吾闻之吾师：'有机械者必有机事，有机事者必有机心。'机心存于胸中，则纯白不备；纯白不备，则神生不定；神生不定者，道之所不载也。吾非不知，羞而不为也。"子贡瞒然惭，俯而不对。

　　这是《庄子》提到的多个机械或技术案例中的一个，其名称是"槔"。其机械原理不详，大体上是"凿木为机，后重前轻"，借助这种机械，达到的效果是"挈水若抽，数如泆汤"，即通过一个名为"槔"的木制机械，可以达到提水轻松如抽引且水流迅疾的目标。但是，作者此处的基调是嘲笑这种机械发明，甚至认为机械发明败坏了原本淳朴的人性，即"有机械者必有机事，有机事者必有机心"，不合"道"的自然秩序。

　　最后是整体和谐。这是道家理想国极具理想主义色彩的地方。要知道，老子与庄子所处的春秋战国时期，是一个暴力与战争频仍的社会。老子与庄子所设想的君上无为、民众淳朴、恪守自然秩序、社会原始朴素的理想国，最终还能实现整体和谐。不能不说，这是一种极具理想主义色彩的政治想象。

《道德经》大致上有两处讲到了这种整体和谐，一处是讨论"小国寡民"，老子的设想是，"虽有甲兵，无所陈之"——这意味着不再需要用兵，以及"甘其食，美其服，安其居，乐其俗"；另一处是，借圣人之口所说的"我无为，而民自化；我好静，而民自正；我无事，而民自富；我无欲，而民自朴"——这里所谓的自化、自正、自富、自朴，也应该是某种整体和谐的状态。《庄子》亦有多处提到，合乎"道"的社会就能达到一种整体和谐状态，他的观点总体上跟老子很相似。比如，《庄子·马蹄》所设想的"夫至德之世，同与禽兽居，族与万物并，恶乎知君子小人哉"，不仅是人与人的整体和谐，而且是人与禽兽乃至万物的整体和谐。

总之，君上无为、民众淳朴、自然秩序、社会原始，再加整体和谐，这些要素叠加起来，就是道家心中一个合乎"道"的理想社会模型。

"见素抱朴"与自由放任主义

任何政治理论都离不开某种人性假设，不管这种人性假设是明确提出的，还是隐含于分析框架之中的。道家的基本人性假设主要是两条：一是自然秩序下原本淳朴的人性；二是这种淳朴的人性是可变的，在人为统治秩序下就会变得败坏。所以，道家的政治主张就包括了如何让人民找回或回归他们原本淳朴的本性。

老子认为，人在本性上原本淳朴良善，但后来出现了民争、民盗、民心乱，这大体上都是在一套人为统治秩序下君主有意无意的引导造成的。正如上文已经提及的，老子这样说：

> 不尚贤，使民不争；不贵难得之货，使民不为盗；不见可欲，使心不乱。是以圣人之治，虚其心，实其腹，弱其志，强其骨。常使民无知无欲。使夫知者不敢为也。为无为，则无不治。（《道德经·第三章》）
>
> 绝圣弃智，民利百倍；绝仁弃义，民复孝慈；绝巧弃利，盗贼无有。此三者以为文不足。故令有所属：见素抱朴，少私寡欲。（《道德经·第十九章》）

在老子看来，"见素抱朴，少私寡欲"就是回归了人原初的本性。人们能否回归或表现这种本性，还是跟政府治理有关。老子说："其政闷闷，其民淳淳；其政察察，其民缺缺。"（《道德经·第五十八章》）"其民淳淳"，就是老子心中国民的理想状态。老子甚至期待，

一种合乎"道"的治理，能够让人们回归到婴儿般的
淳朴。老子说：

> 知其雄，守其雌，为天下谿。为天下谿，常德
> 不离，复归于婴儿。知其白，守其黑，为天下式。
> 为天下式，常德不忒，复归于无极。知其荣，守其辱，
> 为天下谷。为天下谷，常德乃足，复归于朴。（《道
> 德经·第二十八章》）

这里的"复归于婴儿"和"复归于朴"，都是要找
回原本最淳朴的人性。只要君主有欲有为，国家尚智
尚贤，人民就会丧失这种淳朴良善的本性。"民之难治，
以其智多。"所以，君主要克制自己的欲望，防止用自
己的意志去取代一套原本合乎"道"的自然秩序，这样，
就能做到"我无欲，而民自朴"。

庄子认为，圣人或君主兴起之前的"至德之世"，
人们就能展现其淳朴的本性。正如上文提及的，庄子
这样说：

> 同乎无知，其德不离；同乎无欲，是谓素朴。
> 素朴而民性得矣。（《庄子·马蹄》）

正是因为圣人兴起，倡导仁义，制作礼乐，人淳朴的本性才遭到了败坏，所谓"天下始分矣"。《庄子·山木》记载了市南子与鲁侯的一场对话，市南子这样描绘南越的"建德之国"：

> 南越有邑焉，名为建德之国。其民愚而朴，少私而寡欲；知作而不知藏，与而不求其报；不知义之所适，不知礼之所将；猖狂妄行，乃蹈乎大方；其生可乐，其死可葬。

在这段文字中，庄子认为，"愚而朴，少私而寡欲"恰恰就是人原初的本性。他们随心所欲，任意而行，正好合乎大道，即所谓"猖狂妄行，乃蹈乎大方"。庄子同样认为，偏离"道"的人为统治秩序，正是人们偏离其淳朴本性的缘由。

在淳朴良善人性论的基础上，道家政治理论还包含了基于某种个体与群体关系的理论预设。如果对比儒家与法家对于个体与群体关系的理解，就会发现道家跟儒法两家的差异是巨大的。在个体与群体关系上，道家提供了一种跟儒法两家完全不同的认知框架。

如果说儒家视角更强调人际关系网络中的个体，以及礼制对于个体与群体关系的规制，如果说法家视角更强调个体是君主或国家举行农战、成就霸业的统治资源，那么道家总的来说是更偏向于个体的。这倒不是因为道家有着近代英国意义上的个人主义视角，而是在道家看来，由个体与个体自然组成的较为原始的自然秩序，是更合乎"道"的。在结果上，道家对个体和群体的关系的理解，较接近于近世西方兴起的自由放任主义或者古典自由主义。

具体而言，道家在个体与群体关系上大致有三个理论预设：

第一，自然秩序是一种更为优越的、更接近于"道"的秩序。这种秩序，一方面是指，它不是人为设计的秩序，不是在君主或国家意志干预与左右下的统治秩序，是一种免于强制干预的秩序；另一方面是指，它是淳朴良善的个体在小范围内形成的既原始又和谐的共同体。《庄子》既有"天地有大美而不言，四时有明法而不议，万物有成理而不说"这样的文字，又有"闻在宥天下，不闻治天下也"这样的文字。这些文字背后的思想，都是庄子对于合乎"道"的自然秩序的理论预设。

在现代思想的参照系中，道家的自然秩序理论预设，相当程度上接近于经济学家弗里德利希·哈耶克提出的自发秩序（spontaneous order）概念。哈耶克认为，总有人强调"人类事务中的秩序要求，一些人发布命令，另一些人则服从"，但实际上，人类的许多事务是经由自发秩序的机制来协调的，即其中未必总存在强制性的规则，而是"个人自发活动的这种互相适应是通过市场来实现的"。这种机制，在英国经济学家亚当·斯密那里就是"看不见的手"，而在哈耶克那里就是"自发秩序"或"自发秩序的机制"。[1] 哈耶克还认为，我们不宜过高估计人类人为理性设计的范围与力量，许多人类最重要的制度安排其实都不是人为理性设计的，而是自发演化的产物。比如，几乎无处不在的语言和货币制度，就是自发演化的产物。[2] 既然是自然秩序或自发秩序，其个体与群体关系的最大特点就是避免群体对个体不必要的强制。

　　第二，在自然秩序中，个体是淳朴而自在的，并能达成一种整体的和谐。这也是道家理想国的理论预设条件。如果没有淳朴而自在的个体，如果他们不能达成整体和谐，道家的道德理想国就很难成立。在这方面，正如上文已经提及的，老子和庄子都有他们各自的论述。

1　弗里德里希·奥古斯特·哈耶克：《自由宪章》，杨玉生等译，中国社会科学出版社，2012年，第210—230页。

2　F. A. Hayek, *The Counter-Revolution of Science: Studies on the Abuse of Reason*, London : The Free Press of Glencoe, 1955, pp. 36-43.

老子认为，只要没有人为统治秩序的干扰，个体就是淳朴而自在的，并最终能够达成一种整体和谐。老子所谓"不尚贤，使民不争；不贵难得之货，使民不为盗；不见可欲，使心不乱"，以及"见素抱朴，少私寡欲"，人民就能实现"小国寡民"状态下的"甘其食，美其服，安其居，乐其俗"，就是这个意思。庄子对于南越"建德之国"的设想，即"其民愚而朴，少私而寡欲；知作而不知藏，与而不求其报；不知义之所适，不知礼之所将；猖狂妄行，乃蹈乎大方"，大体也是这种理论预设。

道家经典文献认为，只要没有外部强制力的干预，没有国家与君主主导的人为统治秩序，淳朴而自在的个体就能达成一种整体的和谐。这种理论预设恰好跟英国哲学家托马斯·霍布斯的理论预设相反。在霍布斯看来，如果没有国家这种政治权威，人与人之间就会处于战争状态。由此，霍布斯推导出利维坦是必需的，也就是国家是必需的。在道家理论预设中，人既是淳朴而自在的，彼此之间也不会有纷争，即便没有国家，天下还是一片美好祥和的景象。

第三，即便某种最低限度的统治是必需的，由一个消极国家或君主实行无为而治，便是最好的方式。在老子和庄子看来，消极国家或最小国家才是好的国家。

无论君主还是国家，要尽可能少做，尽可能不做，不要去干预那个本来合乎"道"的自然秩序。那种境况才是美好的，而国家一旦介入，要进行各种可能的干预，那么它就会趋于败坏。

无论老子所谓的"是以圣人处无为之事，行不言之教"，"为者败之，执者失之"，"以正治国，以奇用兵，以无事取天下"，"治大国如烹小鲜"等，还是庄子主张的"故君子不得已而临邪天下，莫若无为"，"夫帝王之德，以天地为宗，以道德为主，以无为为常"，"无为而尊者，天道也"等，都是强调某种自由放任主义的理论预设。

总之，在个体与群体关系上，道家即便没有明确主张个体的优先性，但他们对以群体的名义，或者以国家或统治的名义，进行的各种人为干预，是抱有一种很强的抵触心理和警惕心理的。这样来反推，跟儒家与法家相比，个人或个体的优越性在道家思想体系中应该是较为清晰的。

休养生息政策与乱世处世哲学

中国历史上任何主要的思想流派都有两个特点，一是它具有其他流派所不具有的特性或特征，二是它适应了某种重要局势或某个重要群体的重大需要。这是一个思想流派能够突破时间与空间限制，不断传播和扩散的条件。道家作为中国轴心时代三大主要理论流派之一，自然也不例外。这部分先讨论道家在理论与方法上与众不同的特色，然后再分析它何以能够适应某种重大需要。

陈鼓应教授对老子思想的总结，大体也是对道家理论的总结。他这样说：

> 老子是个朴素的自然主义者。他所关心的是，如何消解人类社会的纷争，如何使人们生活幸福安宁。他所期望的是，人的行为像取法于"道"的自然性与自发性；政治权力不干涉人民的生活；消除战争的祸害；扬弃奢侈的生活；在上者引导人民返回到真诚朴质的生活形态与心境。[1]

在理论与方法上，道家不仅不同于我们前面讨论的儒家和法家，而且不同于中国轴心时代的任何其他思想流派。道家的基本认知与思维方式确实可算得上别具一格，与众不同。

1　陈鼓应注译：《老子今注今译》，第14页。

首先是道家理论的抽象性。儒家与法家理论也有一定的抽象性，但这两家论述问题的风格总体上是比较具体的和贴近现实的。儒家学说的基本内容是直面现实问题、主张恢复周朝礼制以及对人际关系进行政治伦理化。法家学说的基本内容是针对分封制瓦解背景下的诸多政治问题，提供一套克服君主危机、强化君权以及经由农战成就霸业的理论与政策。总体上，儒家与法家理论的抽象程度并不高。

但道家的理论，特别是道的基础理论，是高度抽象的。这在中国轴心时代的思想流派中是非常少见的。如果进行中西比较，比如拿中国先秦跟古希腊古典时期进行比较，就会发现，古希腊的思想与哲学更加抽象和一般，中国的思想与哲学更加具体和特殊。[1]总体而言，在中国更加讲究具体和特殊的思想与哲学体系中，道家是更讲究抽象和一般的。

儒家的基本概念仁与礼，法家的基本概念权力与法术势，大体上是比较具体的，是容易描述的。但道家的基本概念"道"是高度抽象的，是不容易描述的。《道德经》开篇就讲："道可道，非常道。"这句话的意

1　关于古典时期的中西哲学比较，参见劳思光《新编中国哲学史（增订本）》（第一卷）；安东尼·肯尼《牛津西方哲学史》（第1卷），王柯平译，吉林出版集团，2010年。

思是，凡是可以言说（第二个道）的道，都不是永恒的道。那么，道到底是什么呢？无论老子还是庄子，都有某种非常抽象的论述。当然，本章开头就讲过"道"的概念。老子认为，"道"是"有物混成，先天地生。寂兮寥兮，独立不改，周行而不殆，可以为天下母"。（《道德经·第二十五章》）老子也不知道该如何称呼它，所以将其命名为"道"。这是一种高度抽象的论述。

庄子则认为：

> 夫道，有情有信，无为无形；可传而不可受，可得而不可见；自本自根，未有天地，自古以固存；神鬼神帝，生天生地；在太极之先而不为高，在六极之下而不为深；先天地生而不为久，长于上古而不为老。（《庄子·大宗师》）

这也是一种高度抽象的论述。当然，正如上文提到的，经由这些论述，大致可以看出道家的"道"有两层含义：一是万物之母、宇宙之源，二是万物背后的自然法则。

道家还有许多重要的抽象概念，比如，老子关于有无、美丑、善恶、难易、长短、高下、多少、雌雄、黑白、荣辱、强弱、贵贱、巧拙及其互相转换的论述。《道德经》就有这样几段著名的文字：

> 天下皆知美之为美，斯恶已。皆知善之为善，斯不善已。故有无相生，难易相成，长短相较，高下相倾，音声相和，前后相随。(《第二章》)

> 知其雄，守其雌，为天下谿。……知其白，守其黑，为天下式。……知其荣，守其辱，为天下谷。(《第二十八章》)

> 将欲歙之，必固张之；将欲弱之，必固强之；将欲废之，必固兴之；将欲夺之，必固与之。(《第三十六章》)

> 大成若缺，其用不敝。大盈若冲，其用不穷。大直若屈，大巧若拙，大辩若讷。(《第四十五章》)

庄子对道的论述，不仅涉及社会现象，而且涉及自然现象。就此而言，道家关注的"道"是宇宙间的一般逻辑。《庄子·天道》有这样的文字："天地固有常矣，日月固有明矣，星辰固有列矣，禽兽固有群矣，树木固有立矣。"这句话是说，天地本来就有永恒的法则，日月本来就是光明的，星辰本来就有序列，禽兽本来就是群居的，树木本来就是直立生长的，背后的根本原因都在于"道"。以今天科学或社会科学的视角来看，庄子这段论述提出了许多重要的一般理论问题。遗憾的是，庄子没有做进一步的研究和论述。《庄子》一书论及空间大小、时间长短、有用无用、相对位置等，都有许多抽象的和一般的理论观点，这里就不再赘述。在庄子看来，学问的终极是："知天之所为，知人之所为者，至矣。"（《庄子·大宗师》）

其次是道家主张自发秩序的重要性。在儒法道三家中，只有道家认为，宇宙间存在某种受"道"支配的自发秩序。既然如此，人类社会同样存在着某种受"道"支配的自发秩序。这种自发秩序的特点，一是受到自然法则的支配和主宰，二是能够实现有效和有序的运转，三是在不受干预条件下可以达致最佳和最优的状态。这种认知，自然可以推导出无为而治、自由放任和反干预主义。儒家与法家，特别是法家，在这个问题上则完全走向了道家的反面，君主与政府的积极作为，被视为达成政治目标的前提条件。

正如上文提到的，《道德经》的一段名言"我无为，而民自化；我好静，而民自正；我无事，而民自富；我无欲，而民自朴"（《道德经·第五十七章》），恰恰就是一份主张自由放任主义和反对干预主义的政治宣言。

《庄子》有多处讨论自发秩序的重要性及其优势。上文曾经提及，庄子描绘了类似后世陶渊明"桃花源"

的一个远方理想国，即南越的"建德之国"。该国几乎见不到人为统治秩序的迹象。"其民愚而朴，少私而寡欲；知作而不知藏，与而不求其报；不知义之所适，不知礼之所将；猖狂妄行，乃蹈乎大方；其生可乐，其死可葬。"（《庄子·山木》）庄子的这段文字，是说他们过着一种自由自在、生死随缘的理想生活。由于"天地有大美而不言，四时有明法而不议，万物有成理而不说"，所以，真正好的政治哲学应该是"原天地之美而达万物之理"。相应，"至人无为，大圣不作"（《庄子·知北游》）才是合乎自发秩序的理想状态。

只要违背了自发秩序，试图用君上意志或人为秩序取代原先的自发秩序，就容易带来不好的后果，甚至是天下大乱。《庄子·天地》虚构了一段对话，尧问他的老师许由，啮缺适合做天子吗？啮缺是一个人，是许由的老师。许由的回答是，啮缺太聪明，所以不适合统治天下，因为他一旦做了天子，就要用自己的聪明才智去取代"道"所支配的自发秩序。所以，这场对话引出的结论，就是庄子非常著名的论断："治，乱之率也，北面之祸也，南面之贼也。"

再次是道家理论中君权的边缘性。这是道家非常不同于儒家和法家的地方。君权大体上在儒家和法家的政治理论中都处于中心位置。儒家强调恢复周朝礼制，君权自然在这种礼制中占据关键位置，君君臣臣也是儒家倡导的基本政治伦理。当然，儒家讲究君主与民众之间的平衡、君权与有道之间的平衡。法家则更强调君主中心主义，其全部学说基本上都服务于君主的政治生存与王霸事业。就此而言，道家显得特立独行。在道家政治理论中，君权常常处在非常边缘的位置上，甚至常常被视为负面因素。这确实显得有些非同寻常。

《道德经》常以圣人来指代君主或君上，全书出现圣人约 30 余处，但大部分均是负面的或消极的表述，即圣人不要做什么。比如，"圣人处无为之事，行不言之教"，"圣人不仁，以百姓为刍狗"，"圣人去甚，去奢，去泰"，"圣人不行而知，不见而名，不为而成"，"圣人无常心，以百姓心为心"，"圣人无为故无败"，等等。老子主张圣人或君主应该循道而为，实行无为而治，尤其不要根据自己的意志来统治，干预或取代本来合乎"道"的自发秩序。由此可见，在老子政治理论中，君主最好的角色不过是合乎"道"的自发秩序的维护者，而非张扬自己的意志、试图建立一套符合自身意志的人为秩序的有为者。

庄子在这方面的主要观点与老子类似。既然庄子有许多这样的主张，如"故君子不得已而临邪天下，莫若无为"，"治，乱之率也，北面之祸也，南面之贼也"，

"无为也，则用天下而有馀；有为也，则为天下用而不足"，那么君权在他的学说中也不可能处于中心位置。即便君权是需要的，庄子也主张某种君权消极主义的理论。庄子甚至比老子更进一步，釜底抽薪式地认为，君主都是不值得做的。《庄子·田子方》记载了魏文侯（约前 472—前 396）跟他的友人田子方之间的对话，田子方这样称赞他的老师东郭顺子："其为人也真，人貌而天虚，缘而葆真，清而容物。物无道，正容以悟之，使人之意也消。"听到这番话，魏文侯"终日不言"，感到自身在修身养性方面的差距，最后竟然说出了"夫魏真为我累耳"这样的话。这句话的意思是，魏国本身已经成为魏文侯追求逍遥自在、修身养性生活的累赘与负担。这更凸显了去君主中心主义的位置。

在中国轴心时代以后，尽管道家的主流地位总体上不及儒家和法家，但道家也是中国古典思想与哲学的主要流派之一。除了后世跟道教、养生与修仙等方面的结合，道家在政治理论和处世哲学上也产生过巨大的影响。作为一种政治理论与哲学思想，道家影响力的第一个高峰是西汉初年，特别是"文景之治"时期。当时的历史背景是，中国经历了秦灭六国的战争、秦短暂而暴虐的统治、楚汉相争以及西汉政权的初步稳定。此时，由于常年战乱，人口巨减，百业凋敝，加上暴秦统治的经验教训，西汉后来就逐步走上了奉行黄老之术的道路。这里的黄，就是传说中的黄帝；老，就是道家创始人老子。在 20 世纪 30-40 年代，陶希圣怀疑黄帝之学是老庄学派假托黄帝之名所作。[1]但随着1973 年马王堆西汉帛书的发现，高度疑似的《黄帝四经》得以重见天日。据陈鼓应的考证，《黄帝四经》可能是现存最早的道家作品，成书可能在战国中期之初或战国初期之晚。[2]所以，跟后世常常"老庄"并称不同，西汉更信奉的是"黄老"并称的道家思想。后来，黄帝之学式微可能跟关键文本的失传有关。

就政治理论而言，当君主或政府认为需要通过休养生息、减少干预，使整个国家从战乱和苦难中恢复元气，自我疗伤，从而走上复兴之路时，道家循道而为、无为而治、自由放任的思想与政策，就提供了一种有益的政治解决方案。当然，西汉历史也见证了道家治国学说的局限性，一旦国家实力恢复，君主变得雄心勃勃，道家作为一种提供消极主义方案的政治理论就容易被抛弃。随着汉武帝就任大位，西汉很快抛弃了黄老之术，而走向了积极有为。

1　陶希圣：《中国政治思想史》（上册），第 264—266 页。
2　陈鼓应注译：《黄帝四经今注今译：马王堆汉墓出土帛书》，商务印书馆，2016 年。

作为一种政治理论与哲学思想，道家影响力的第二个高峰是魏晋时期。从东汉末年到魏晋南北朝，是中国历史上秦统一之后的第一个大分裂时期。这一时期政治动荡，政局败坏，国与国之间战争频仍，国家内部政权更迭频繁，明君少见，昏君、暴君迭出。在这样的时代，士人如何自处、如何安身立命就成了一个问题。努力进取、积极入世，不仅有可能理想破灭，而且有可能撞得头破血流。此时，消极遁世、自我保全就成了许多士人不得已的选择。这种状况下，道家的理论与哲学恰好提供了一种有益的参照。正是由于众多特立独行士人的追捧，道家思想迎来了历史上第二个高峰。

所以，就功能而言，道家的盛行，大体上跟两种诉求有关，一种是君主与官方试图借此来推进休养生息的政策，另一种则是士人在乱世格局中寻求某种可以安身立命的自保之道。这也是道家政治理论与思想哲学在中国历史上得以源远流长的主要原因。

一种去政治化的政治理论？

一个好的理论，无论其价值主张为何，至少要做到逻辑上内在自洽，预设条件跟现实有一定的吻合性，这样才能证明这种理论的合理性和可信度。道家政治理论尽管别具特色，但在逻辑上同样有许多值得反思的问题。

首先，道家政治理论的最大问题是它基本上是一个去政治化的政治理论。众所周知，老子与庄子的学说发源于春秋战国时期。春秋战国时期的基本政治格局是诸侯国与诸侯国之间的竞争体系。一个诸侯国或君主要想获得基本的政治安全，退则寻求政治自保的实力，进则寻求军事扩张的优势。

然而，道家政治理论基本上忽略了春秋战国时期这一最大的现实政治问题。正如上文讨论的，在道家心中，君主无为、民众淳朴、自然秩序、社会原始、整体和谐就是道家的政治理想国。由于脱离了春秋战国时期的现实政治，道家的循道而为与无为而治，很有可能走向政治空想主义。就具体内容而言，如果说法家理论通篇都是政治的话，那么道家理论其实很少讨论真正意义上的政治。他们更乐意回避严肃的政治问题，特别是政治冲突与权力斗争的问题，而去超越国家、君主与权力来讨论社会如何治理、如何"善治天下"的问题。他们更关心的是宇宙间与自然界的基本法则，但他们对于诸侯国如何自保或如何扩张，既不关注，也没有提供有效的解决方案。

在整个春秋战国时期，政治阶层主要包括周朝天子、诸侯国君主、贵族、文武高官以及有意介入政治的士人。所有这些人面临的首要政治，就是周朝分封制逐步瓦解过程中的国家间竞争格局。这是诸侯国君主、文武高官和士人每天都要面对的现实问题，有时候这还是一个关乎所有人命运的生死攸关的问题。在这些人眼中，道家提供的基本上是一种牛头不对马嘴的去政治化的政治理论。所以，对于当时的时局来说，道家学说只能提供十分有限的现实参考。当然，道家政治理论与思想的长期价值并不能完全依据这种短期需要来评判。

其次，道家政治理论的另一个主要问题是政治理想的可实现性。上文已经讨论，老子的政治理想是"小国寡民"的社会模式，庄子设想的"至德之世"大体上跟老子的模型也比较接近。问题是，这种模式有可能实现吗？

按照本书的时间概念，包括道家等诸子兴起的时期被称为中国的轴心时代。这一时期，从政治上说，是分封制瓦解、诸侯国互相竞争以及君主制大一统国家兴起的时期；从经济上说，是从青铜时代到铁器时代的过渡，复杂农业社会的形成，以及包括文字、城市、技术在内的文明完善时期。老子与庄子所设想的"小国寡民"，实际上只存在于前轴心时代。特别是秦以后，道家关于"小国寡民"的社会模型设想，更是完全脱离了社会发展阶段的实际可能。在整个中国古代的文本中，大约主要是陶渊明笔下的"桃花源"，较为接近这一理想社会模型。

再次，与道家政治理论相伴而来的一个问题是反技术进步的倾向。实际上，道家的理想社会模型固然是合乎"道"的、顺应万事万物本性的、自在和谐的，但这一社会模式同时是停滞不前的和相对静止的。上文曾经提到一个故事，孔子的学生子贡南游于楚，跟汉阴一位浇地老丈对话，内容是子贡建议老丈采用省力的新式引水器械，却遭到老丈的嘲笑。老丈说："有机械者必有机事，有机事者必有机心。"（《庄子·天地》）在老丈看来，这就背离了人淳朴的本性，也就是偏离了"道"。

所以，在老庄思想中，道家淳朴的生活方案就带有强烈的怀古情结，所有可能的新技术和进步方案都会有悖于这种淳朴的社会模式。如果以近现代世界作为参照系，那么老子和庄子自然不会想到，不仅人类经济与技术会不断进步，而且工业革命和科学革命这样的巨变也会发生。

最后，道家政治理论的另一个问题是反市场的倾向。尽管老子和庄子倡导自由放任主义，但他们并非后来英国经济学家亚当·斯密的同道中人，主要原因在于，他们期待的并非是一个个人普遍地追求以私人利益为基础、以四通八达的市场合作为网络组织起来的社会。

关于利益，道家的立场是比较明确的，老子认为较为理想的状态是"不贵难得之货，使民不为盗；不见可欲，使心不乱"，"绝巧弃利，盗贼无有"，从而使民众"见素抱朴，少私寡欲"，"常使民无知无欲"。庄子的观点也非常接近，他认为的理想状态是"其民愚而朴，少私而寡欲；知作而不知藏，与而不求其报"。

老子期待的理想社会模型，不仅是小国寡民，而且是自给自足。用今天的视角来看，这不是一个充分发达的市场交易型社会。所以，尽管道家注重的是自在而闲适的个体，同时主张君主无为而治和自由放任，但这并不意味着老子与庄子是以经济人假设作为基本驱动力的自由放任型市场经济的支持者与鼓吹者。相反，即便他们有着自由的倾向，但他们心仪的是一个处于原初状态的、由淳朴而自在的个体组成的、免于强制的、自给自足而又整体和谐的小规模共同体。

第五章

早期中国政治理论的比较与反思

魏徵对曰："自古失国之主，皆为居安忘危，处治忘乱，所以不能长久。今陛下富有四海，内外清晏，能留心治道，常临深履薄，国家历数，自然灵长。臣又闻古语云：'君，舟也；人，水也。水能载舟，亦能覆舟。'陛下以为可畏，诚如圣旨。"

《贞观政要》

中国哲学一向不注重解析，既没有逻辑研究，也没有知识论。中国哲学其他方面虽有长处，在这一方面却是有大的缺陷。由此，研究中国哲学史时，研究者就常会受一种谬误的俗见的干扰。这种俗见就是讲中国哲学，不能用外国的方法。

劳思光《新编中国哲学史》

儒家、法家与道家的理论比较

　　本书前面三章分别讨论了中国轴心时代三大思想流派儒家、法家与道家的政治理论，主要着眼于两个层次：第一层次的重点是文本解读，包括儒法道三家的问题意识、理论解释、政治解决方案和理想社会模型；第二层次的重点是儒法道三家政治理论的逻辑反思，包括它们的基本人性假设、个体群体关系假设、可能的理论优势以及它们在论证逻辑上的问题。

　　基于这一分析框架，本书前面三章对儒法道三家政治理论的解读与反思，其相关要点参见表 5.1。

　　该表是对本书第二章至第四章的简要总结。对比儒家、法家与道家的政治理论，我们可以发现，这些不同思想流派的代表人物，尽管面对的是春秋战国时期同样的事实，却提出了完全不同的问题，提供了差异很大的理论视角，并设想了各自的政治解决方案。正是这种思想的多样性和理论的多元性，造就了中国历史上第一个思想黄金时代，形塑了百家争鸣的学术繁盛局面。

　　现代社会科学常常用实然和应然来区分不同的问题意识与研究路径。实然，即实际为何的问题，是要确定研究所关注的事实，并解释这一事实背后的原因，客观性较高；应然，即应该为何的问题，是要回答事

表 5.1　儒家、法家与道家政治理论的比较

思想流派　／　比较维度		儒家	法家	道家
文本解读	问题意识	一个礼崩乐坏的世界 重建良善的政治秩序	君主的政治危机 成就霸业的难题	一个偏离"道"的社会 重建合乎"道"的社会
	理论解释	没有系统的因果解释，但可基于主观理念，行为和秩序三个维度来理解周朝礼制的崩解	人是自利的，接近君主的人都想获得权力，故君主随时可能面临危机；若不能强君，不能变法，不能聚焦衣食，就无法成就霸业	唯有合乎"道"的自然秩序是良善秩序，所有偏离"道"的人为秩序都会导致国家昏乱
	政治解决方案	周朝礼制 政治伦理 实行仁政 君子人格	强君 农战 法制 赏罚	循道而为 柔弱处下 无为而治 绝圣弃智
	理想社会模型	"大道之行也，天下为公"	"事在四方，要在中央" "以成霸王之名"	"小国寡民" "至德之世"
逻辑反思	基本人性假设	性善论	性恶论	本性淳朴
	个群关系假设	没有抽象个人的主体性 群体秩序与关系中的个人 家国一体	臣民的工具性 君主中心主义 政治全能主义	淳朴而自在的个体 和谐的自发秩序与自然秩序 国家消极主义与自由放任
	理论优势	为君主制提供礼仪制度 提供政治伦理与道德教化	强君与早期国家构建理论 通过农战实现霸业	国家休生息的理论与政策 乱世士人消极避世的哲学
	逻辑反思	文学治国论而非逻辑治国论 崇古主义而回到虚幻的前朝 个人地位的缺失 道德主义而非制度主义 抽象思维与一般规则缺失	价值主张的缺失 无法成为官方意识形态 君主本身的不确定性 早期政治全能主义模型 或无法政治摆脱马尔萨斯陷阱	去政治化的政治理论 政治理想的可实现性 反技术进步的怀古情绪 反市场与"弃利"的主张

物的理想状态是什么，并解释如何达成这种理想状态，主观性较强。就儒家、法家与道家的政治理论而言，它们的问题意识与理论解释部分，主要还是实然部分，即对现实问题的事实确认以及因果解释的分析；理想社会模型则更主要是应然部分，即回答什么才是符合政治理想的标准；政治解决方案的讨论则介于实然和应然之间，既代表了思想家对于现实问题的确认和诊断，又代表了他们对于理想解决方案与社会模型的主观设计，可以说是兼顾实然和应然。

　　第二章至第四章的分析，还呈现了儒家、法家与道家政治理论的不同，至少有相当部分的原因跟他们的基本人性假设与个群关系假设有关。这种假设有很大的主观成分，并在较大程度上影响不同流派思想家的问题意识、理论解释、政治解决方案以及对理想社会模型的设计。就儒家内部而言，孔孟—荀子之间的分化，很大程度上是由于荀子引入了新的基本人性假设，即孔孟主张性善论，而荀子主张性恶论。由此，荀子的理论成为儒家体系中的歧出之学，并为他的学生韩非发展系统的法家学说提供了理论基础。[1] 正因如此，荀子成了战国时期的非典型儒家。这也是本书没有把荀

1　王先谦：《荀子集解》。

子的著述及其政治理论视为儒家体系的原因。

　　但不可否认的是，荀子也是中国轴心时代最重要的政治思想家之一，并且处在承儒启法的关键点上。尽管后世儒家常常偏爱孔孟，而否认荀子的正统地位，但荀子儒法结合、亦儒亦法的思想风格实际上又暗合中国自汉武帝之后外儒内法、表儒里法的统治模式。[1]所以，荀子的地位其实是极其重要的。晚清思想家谭嗣同甚至认为"两千年来之学，荀学也"。[2]尽管谭嗣同也是一家之言，但至少在某种程度上证明了荀学的重要性。

　　按照《史记》的简要记述，荀子是赵国人，生卒年份大致为公元前340年至前245年，他的一生主要是三件事：一是"游学于齐"，做过齐国著名的稷下学宫的祭酒，甚至"荀卿最为老师"，曾经是李斯与韩非的老师；二是前往楚国，因为春申君的赏识而出任兰陵令，但"春申君死而荀卿废"；三是"荀卿嫉浊世之政"，著书"数万言"，最后死于兰陵、葬于兰陵。[3]

　　综合来看，如果以孔子、孟子为代表的儒家学说和以商鞅、韩非为代表的法家学说为参照，那么荀子

1　参见陶希圣《中国政治思想史》（上册），第156页；刘泽华《中国政治思想史》第189页。

2　谭嗣同：《仁学：谭嗣同集》，加润国选注，辽宁人民出版社，1994年，第70页。

3　司马迁：《史记》（第三卷），第2069页。

的哲学思想与政治理论大体上有三个主要特点。首先，荀子引入了性恶论。荀子很有可能是中国轴心时代首次阐发性恶论的思想家。不仅如此，这一基本人性假设还启发了韩非，使得韩非在性恶论基础上构建了集法家大成的政治理论。关于这种基本人性假设，荀子这样说：

> 人之性恶，其善者伪也。今人之性，生而有好利焉……人之性恶，明矣。[1]
>
> 凡人有所一同：饥而欲食，寒而欲暖，劳而欲息，好利而恶害，是人之所生而有也，是无待而然者也，是禹桀之所同也。……人之情，食欲有刍豢，衣欲有文绣，行欲有舆马，又欲夫馀财蓄积之富也。……夫贵为天子，富有天下，是人情之所同欲也。[2]

其次，正是基于这种基本人性假设，荀子推导出了"礼""礼制"与"礼治"的重要性。荀子说：

> 礼起于何也？曰：人生而有欲，欲而不得，则

1　王先谦：《荀子集解》（卷第十七），第 420—421 页。

2　王先谦：《荀子集解》（卷第二），第 63—70 页。

不能无求。求而无度量分界，则不能不争；争则乱，
乱则穷。先王恶其乱也，故制礼义以分之，以养人
之欲，给人之求。使欲必不穷乎物，物必不屈于欲。
两者相持而长，是礼之所起也。[1]

荀子这段话的意思是说，制礼义的基本功能是为了
防止"人生而有欲"后产生的"争则乱，乱则穷"。所以，
礼制对于维系社会秩序是非常必要的。

再次，进一步说，由于这种人性假设，荀子的理
论跟孔孟学说发生了重要的分化。孔子与孟子总体上
认为，礼重于法，德重于刑，基于性善假设对民众进
行教化才是王道。但荀子对人性的看法较为悲观，于
是走上了一条主张礼法并用、德刑并举的道路。按荀
子自己的说法，就是既"隆礼"又"重法"。他这样说：

故古者圣人以人之性恶，以为偏险而不正，悖
乱而不治，故为之立君上之埶以临之，明礼义以化
之，起法正以治之，重刑罚以禁之，使天下皆出于
治，合于善也。是圣王之治而礼义之化也。今当试
去君上之埶，无礼义之化，去法正之治，无刑罚之

1　王先谦：《荀子集解》（卷第十三），第337页。

禁，倚而观天下民人之相与也。若是，则夫强者害弱而夺之，众者暴寡而哗之，天下悖乱而相亡，不待顷矣。[1]

听政之大分：以善至者待之以礼，以不善至者待之以刑。两者分别，则贤不肖不杂，是非不乱。贤不肖不杂，则英杰至，是非不乱，则国家治。[2]

故不教而诛，则刑繁而邪不胜；教而不诛，则奸民不惩；诛而不赏，则勤厉之民不劝；诛赏而不类，则下疑俗险而百姓不一。[3]

这几段话都体现了荀子承儒启法的思想特点，儒法混杂、王霸兼用是荀子政治解决方案的关键特征。

荀子政治理论及其与正统儒家、正统法家之间的分野，同样证明，即便时代仍然是同样的时代，事实仍然是同样的事实，基本理论预设或人性假设的改变，足以引发哲学思想与政治理论上的重大转向。所以，在这三大主要思想流派中，即便是实然的部分，也不可避免地要受到思想家理论假设或理论前提的影响。思想家的理论假设或理论前提又是非常主观的，这样，实然

1 王先谦：《荀子集解》（卷第十七），第421页。
2 王先谦：《荀子集解》（卷第五），第148页。
3 王先谦：《荀子集解》（卷第六），第188页。

部分的分析必然会受到应然部分的假设的影响与左右。这里的分析也说明，不同的理论预设，会从根本上影响不同流派的思想家看待世界的认知框架。

　　在现代政治理论的分析中，学术界常用的一个工具是意识形态分析，即剖析不同政治理论在意识形态光谱中的位置。意识形态的概念，最早是由法国哲学家德斯蒂·德·特拉西（Antoine Destutt de Tracy）提出来的，起初是指观念的科学。到了 1846 年，卡尔·马克思发表《德意志的意识形态》时，将意识形态界定为统治阶级的思想体系。就今天的学术话语而言，意识形态一般是指一套行动导向的信念体系、一组互相关联的思想观念，在许多重大问题上具有较为明确的指向性。[1] 在当代意识形态分析中，最常用的分析维度包括：权威—自由、威权—民主、保守—进步、左翼—右翼、政府—市场、个体—群体，等等。如果用权威—自由、保守—进步两个维度来对中国轴心时代的三大主要流派进行意识形态光谱分析，大致上可以得到图 5.1 的结果。

1　利昂·P. 巴拉达特：《意识形态：起源和影响》，张慧芝、张露璐译，世界图书出版公司北京分公司，2010 年。

图 5.1　三大流派在意识形态光谱中的位置

　　儒家大体上位于左上的位置，在保守—进步维度上，儒家渴望回到周朝礼制，是较保守的立场；在权威—自由维度上，儒家是较尊重和服从权威的。法家大体上位于右上角的位置，它是较不保守和偏向进步的，同时是最尊重和服从权威，讲求君主中心主义的。道家大体上位于左下角的位置，它是最保守的，因为道家有强烈怀古情结和复古倾向，同时最倾向于自由，即无为而治与自由放任立场。借助图 5.1，我们大体上更能在现代意识形态和社会科学框架中来理解儒家、法家与道家的基本政治倾向。

积极还是消极？保守还是进步？

除了思想本身，理解中国轴心时代主要政治理论的起源与扩散，离不开这些理论所处的历史情境。儒家、法家与道家作为三个思想流派，其兴衰都离不开特定的历史情境。儒法道三家均起源于中国的春秋战国时期。在本书讨论的六位代表人物中，儒家的孔子年代更早，他生活在春秋时期；道家的老子年代争议较大，他较有可能生活在春秋晚期或战国早期；儒家的孟子、道家的庄子以及法家的商鞅和韩非年代更晚，他们生活在战国时期。尽管他们生卒年份跨度不小，但即便按照孔子与韩非的出生年份估算，前后相差也不到 300 年。他们无一例外，都是中国轴心时代的思想家。

本书第一章认为，春秋战国时期是千年未有之大变局。这一时期的重大社会变迁主要包括：周朝分封制的逐步瓦解、早期农耕文明的成型、分封贵族制向郡县—官僚制的转型、士阶层的崛起以及君主制中央集权国家的呼之欲出。在政治上，这些思想家面对的历史与现实格局是相似的，他们既看到了西周分封制格局的逐步瓦解，又看到了春秋战国时期各诸侯国的竞争与冲突。至于未来会怎样，对这些思想家来说，也是未定之数。当然，以"事后智慧"而论，中国从诸侯并立的春秋战国时期，转向大一统的君主制官僚国家，似乎是无可质疑的趋势。然而，对所有身在春秋战国时期的思想家来说，他们即便有所预见，却无人能够准确预见这种趋势。本书基于积极—消极、保守—进步两个维度，将儒家、法家与道家做了不同的划分。参见表5.2。

总体上，儒家与法家的政治理论是较积极的，因为他们常常主张的是"要做什么"。他们都积极介入现实政治，推销自己笃信的政治解决方案，试图影响政治进程。孔子曾任鲁国高官，失意后周游列国推销自己的政治学说与治国方案，屡屡受挫后开门授徒，但其目的仍然是影响现实政治。孟子除了没有就任诸侯国高官的经历，其他跟孔子别无二致，也是向多国推荐治国方案，并开门授徒。在本书讨论的六位主要思想家中，商鞅是秦国秦孝公时期法家改革的实际发起人与操刀者。这意味着，商鞅不仅是一位思想家，更是一位政治家与实践家。韩非身为韩国公子，并未执掌实权，但他著书立说的主要目的是得到明君的垂青，以此实现自己的政治抱负。所以，总体上，儒家和法家的代表人物都积极入世，试图以思想、理论与实际行动来改善现实政治。

道家的政治理论是较消极的，因为他们常常主张的是"不做什么"。总体上，他们倾向于否定或超越现存制度，主张君主无为而治，社会模式上则崇尚回到过去的"小国寡民"状态。跟他们的政治倾向一致的是，道家代表人物老子和庄子，既非重要的政治人物，亦非治国方案的热心推销者。前面曾经提到，老子身份不详。但一般认为，老子李聃是周守藏室的史官，由于"居周久之，见周之衰"，决定西出函谷关，然后就不知所踪了。在史书中，庄子也不过是一个主管漆园的小官，但他著书十余万字，后来"楚威王闻庄周贤，使使厚币迎之，许以为相"，但庄子不为所动。他的基本想法是"无为有国者所羁，终身不仕，以快吾志焉"。所以，总体上，老子与庄子对待现实政治的态度是较为消极的，他们的主张强调无为，而不是有为。

进一步说，同为积极的政治理论家，儒家的立场较保守，法家的立场则更进步或更进取。面对春秋战国时期的诸种政治社会问题，儒家的理想是回到过去或回到前朝，孔子说"吾从周"，即推崇西周的制度礼仪。《礼记·中庸》说："仲尼祖述尧、舜，宪章文、武。"孔子推崇尧舜之治、文武之道。但法家则完全不同，他们试图通过思想与实践——包括在各诸侯国推行实际的法家改革，来创造一种政治上的新局面。实际上，他们的所思所为，跟呼之欲出的君主制中央集权官僚国家的大趋势是一致的。

表 5.2 春秋战国历史情境中的儒家、法家与道家 [1]

政治倾向 / 历史情境	西周分封制体系——春秋战国诸侯竞争格局——秦朝大一统君主制国家
积极	积极介入政治，影响政治进程 保守←儒家 法家→进步
消极	消极介入政治，超越现存制度 道家

---

1 本表受到了萧公权所著的《中国政治思想史》的启发，参见萧公权《中国政治思想史》，第 13—18 页，特别是表一、表二。

历史变迁与儒法道的政治功能

基于表 5.2，法家的理论与主张在战国后期的胜出似乎是顺理成章的。就诸侯国的政治情境而言，法家的理论与主张其实跟 20 世纪下半叶美国政治社会学家查尔斯·蒂利的研究不谋而合。[1] 在多国竞争体系下，武力与战争成为决胜的关键。任何诸侯国要想谋求自保或追求扩张，其主要的做法是强化君权、削弱封建贵族，发展经济，加强直属君主的常备军，发展纵向一体化的郡县制与官僚制，完善覆盖全国的税收系统，等等。这既是蒂利的著名理论——国家制造战争（state-making-war）和战争塑造国家（war-making-state）——所揭示的正确战略与策略，又是法家主要思想家与政治家所倡导的改革措施与治国方案。从微观层面来说，法家的治国学说恰恰是诸侯国君主所需要的政治解决方案。就大趋势而言，法家的政治理论服务的是呼之欲出的君主制中央集权官僚国家。秦是战国中后期法家改革的佼佼者，加上秦的区位优势和嬴政作为君主的政治领导力，该国终于在公元前 221 年实现了征服六国、

1　参见查尔斯·蒂利《强制、资本和欧洲国家（公元 990—1992 年）》，第　页。

一统天下。

　　然而，秦朝的全国性政权并没有维持多久。公元前210年秦始皇嬴政去世之后，秦朝很快陷入高层政治与大规模底层起义的双重危机。公元前207年，秦朝末代皇帝子婴向刘邦投降，中国的第一个大一统王朝就此覆灭了。秦的速亡有许多原因，《剑桥中国秦汉史》将其总结为五大原因，包括道德因素、智能缺陷、摒弃传统、社会因素、资源因素等。[1] 但一般认为，法家作为治国学说与方案的缺陷以及政治效应，难辞其咎。贾谊（前201—前169）在名篇《过秦论》中认为，秦速亡的主要原因是"仁义不施，而攻守之势异也"。更具体地说，贾谊认为，秦"繁刑严诛，吏治刻深，赏罚不当，赋敛无度"[2]。所谓的仁义不施，自然跟"繁刑严诛"、严刑峻法的法家传统有关。实际上，秦从商鞅变法到统一天下，基本上是法家治国理论的信奉者和践行者。

　　秦的暴虐与速亡，自然给汉朝统治者提供了重要的警示，法家也因为与秦的速亡有关而在声誉上遭受重创。从公元前202年西汉创立到汉武帝统治时期（前140—前87）的百余年时间里，西汉在治国学说与方案

1　崔瑞德、鲁惟一：《剑桥中国秦汉史》，杨品泉等译，中国社会科学出版社，1992年，第80—85页。

2　贾谊：《新书》，（卷一），第11页。

的选择上有两个方向。

　　一个方向跟道家的政治理论有关。由于秦的速亡，加上西汉天下初定时的困苦，西汉从汉初到武帝即位前，施行了相当时期的"与民休息""无为而治"的政策。对于吕后的实际执政时期，司马迁在《史记·吕太后本纪》中有这样的评价：

　　　　孝惠皇帝、高后之时，黎民得离战国之苦，君臣俱欲休息乎无为，故惠帝垂拱，高后女王称制，政不出房户，天下宴然。刑罚罕用，罪人是希。民务稼穑，衣食滋殖。[1]

　　在吕后结束执政之后，西汉又迎来了文帝和景帝的统治时期，即公元前 180 年至前 141 年，史称"文景之治"。在此期间，执政者宽厚仁慈，实行休养生息政策，文帝的窦后信奉道家，尤喜黄老之术。《史记·儒林列传》这样记载："及至孝景，不任儒者，而窦太后又好黄老之术，故诸博士具官待问，未有进者。"[2]西汉这一时期的政策可以总结为无为而治、与民休息、皇室节

1　司马迁：《史记》（卷一），第 346 页。
2　司马迁：《史记》（卷四），第 2707 页。

用、轻徭薄赋、轻刑慎罚等。从结果来看，与民休息的无为而治使得西汉迎来了经济、财政上的繁盛局面。这是后话。

总体上，从吕后执政到"文景之治"，是中国政治演化史上道家学说与黄老之术占据主导地位的第一个高峰。当然，这并不意味着道家学说与黄老之术已经在政治上全面胜出了。实际上，到了武帝时期，西汉很快转向了独尊儒术，道家学说与黄老之术开始转入了漫长的蛰伏时期。

此后，一直到魏晋时期，由于国家分裂，战乱不断，儒家治国学说与政治方案又失去吸引力，道家的政治理论与治国学说才重新获得了生命力。萧公权甚至说："魏晋时代者，老庄思想之独尊时代也。"他进一步认为：

> 儒学既衰，则道家惟一之劲敌已去，自可代之以兴。然老庄思想大盛于魏晋又另有其内在之原因。老庄之学本为遗世之为我思想，而颓废生活又为衰乱时期通常之现象。故老庄流行于魏晋，乃一极自然之事，无须深论。黄初至建兴之二百余年中，天下骚扰。民生困乏，政治混浊。其痛苦之状，殆不减六国之时。即有志之才士，生此无可奈何之环境中。亦不免感觉"从政者殆"，而多退求自全之策，

则庄子逍遥自适之人生观，焉得不风靡一时乎？抑老庄之盛，半亦由于晋代公卿士大夫之提倡。《晋书》谓"魏正始中何晏王弼等祖述老庄，立论以为天地万物皆以无为本。无也者开物成务，无往不存者也。"王衍甚推重之。衍既有盛才美貌，明悟若神。声名籍甚，倾动当世。"妙善玄言，唯谈老庄为事。""累居显职，后进之士莫不景慕放效。选举登朝，皆以为称首。矜高浮诞，遂成风俗焉。"[1]

这段文字将魏晋老庄思想的流行总结为三个原因：一是由于时势转换，儒学已经趋于衰落；二是"民生困乏，政治混浊"迫使士人在乱世寻求自处之道，老庄思想之"逍遥自适"恰逢其时；三是晋代公卿士大夫及天下名士的倡导、推重与力行，甚至到了"妙善玄言，唯谈老庄为事""矜高浮诞，遂成风俗"的地步。既然不能救世，不如在乱世寻求安身立命的自处之道。由此，魏晋时期成了道家学说自西汉初年之后的第二个高峰。

当然，萧公权可能夸大了老庄思想在魏晋时期的影响力。葛兆光赞同魏晋时期出现了"由儒转道"的社

1　萧公权：《中国政治思想史》，第240—241页。

会思潮，"上层文人中流行着一种追求心灵超越于精神自由的人生取向"，"刺激着道家尤其是老、庄思想的回归"，但他同时认为，老庄思想的流行存在着显著的地域差异，"这种思想肯定在洛阳、邺下即魏国最为流行"，同时，实际调整人际关系与社会秩序的仍然还是"一套在历史与社会中形成的法律、制度、习俗以及……观念"。进一步说，葛兆光认为，经由秦汉时期的塑造与渗透，儒学已经实现了"制度化、常识化和风俗化"。故而，任何试图超越这种基本的政治、社会与制度框架而"架空式"地讨论某种思想的盛行，可能会失之偏颇。[1] 但无论怎样，老庄思想与道家学说在魏晋时期又变得流行起来，应该是一个恰当的判断。

回到西汉初年，另一个方向跟儒家的政治理论有关。秦的速亡和法家声誉的溃败，也给儒家学说带来了机会。第二章提到过，西汉初创，儒家的第一个政治机会来自刘邦创建君主制的制度与礼仪的需要。这就是著名的叔孙通为西汉制礼的故事，结果是刘邦始知"为皇帝之贵也"。叔孙通给刘邦的说法是："夫儒者难

---

1 此处引用，分别参见葛兆光《中国思想史（第一卷）：七世纪前中国的知识、思想与信仰世界》，第 296、301、303 页；葛兆光：《儒学的制度化、常识化和风俗化——从历史看儒家》，工作论文（2020 年初稿）。这里的思考与修订，得益于跟葛兆光先生的讨论。

与进取，可与守成。"[1] 这意味着，在西汉初年，儒家在为初创的君主制王朝提供制度和礼仪方面，扮演了重要角色。

刘邦去世之后，正如前面讲到的，由于休养生息的需要，道家学说与黄老之术开始盛行。到了汉武帝即位，西汉迎来民间经济繁荣、政府财力雄厚的时期。《汉书·食货志》这样记述当时经济、财政与民生的繁盛局面：

> 至武帝之初七十年间，国家亡事，非遇水旱，则民人给家足，都鄙廪庾尽满，而府库馀财。京师之钱累百钜万，贯朽而不可校。太仓之粟陈陈相因，充溢露积于外，腐败不可食。众庶街巷有马，仟伯之间成群，乘牸牝者摈而不得会聚。[2]

由于这种巨大的成功，再加上武帝本人雄心勃勃、锐意进取，西汉在内外政策上迎来从休养生息到积极进取的重大转向。《汉书·武帝纪》记载的第一件实质性政治事件，就是"罢黜百家"：

1　司马迁：《史记》（卷四），第 2381 页。

2　班固：《汉书》（第二册），颜师古注，中华书局，2012 年，第 1040—1041 页。

> 建元元年冬十月，诏丞相、御史、列侯、中
> 二千石、二千石、诸侯相举贤良方正直言极谏之士。
> 丞相绾奏："所举贤良，或治申、商、韩非、苏秦、
> 张仪之言，乱国政，请皆罢。"奏可。[1]

这一年是公元前140年，即汉武帝即位第一年。按照《汉书》，这条建议是作为汉武帝老师的儒生丞相卫绾提出来的，他列举的申、商、韩非为法家，苏秦、张仪为纵横家，尽管只是例举，但这条建议的实质是罢黜儒家以外的百家。

此后，当时的大儒董仲舒融合了阴阳家、道家与法家的"新儒学"逐渐成为武帝及其以后的西汉官方正统学说。董仲舒的代表作是《春秋繁露》与他给武帝所上的《天人三策》，其理论核心是基于天人感应学说，为君主制中央集权官僚国家提供一整套合法性叙事的理论与治国方案。董仲舒主张君主受命于天：

> 天子受命于天，诸侯受命于天子，子受命于父，臣妾受命于君，妻受命于夫。诸所受命者，其尊皆天也，虽谓受命于天亦可。[2]

1　班固：《汉书》（第一册），第135—136页。
2　董仲舒：《春秋繁露》，张世亮等译注，中华书局，2012年，第559页。

　　他还根据对《春秋》公羊学的研究，倡导大一统理论。"春秋大一统者，天地之常经，古今之通谊也。"[1]他甚至还根据"天道"创造设计了天子以下的官僚制系统："王者制官，三公、九卿、二十七大夫、八十一元士，凡百二十人，而列臣备矣。"[2]关于这套君主制的政治秩序，董仲舒则这样说：

　　　　故圣人法天而立道，亦溥爱而亡私，布德施仁以厚之，设谊立礼以导之。春者天之所以生也，仁者君之所以爱也；夏者天之所以长也，德者君之所以养也；霜者天之所以杀也，刑者君之所以罚也。繇此言之，天人之征，古今之道也。[3]

　　这段话翻译成现代汉语，则是：

　　　　所以圣人效法天建立道，也是广施仁爱而没有一点私心，布施恩德和仁爱来厚待百姓，设立义理和礼制去引导人民。春季是天用来生育万物的，仁是人君用来爱护百姓的；夏季是天用来滋长万物的，

1　班固：《汉书》（第三册），第 2194 页。
2　董仲舒：《春秋繁露》，第 263 页。
3　班固：《汉书》（第三册），第 2187—2188 页。

德是人君用来养育人民的；秋霜是天用来诛杀万物的，刑法是人君用来惩罚罪犯的。由此说来，天和人的验证，是从古至今的道理。

综合来看，董仲舒的"新儒学"为汉武帝提供了西汉治国所需的制度礼仪、官方意识形态与合法性叙事，最终成为西汉钦定的官方学说，极大地影响了后世。

当然，严格地说，所谓汉武帝"罢黜百家、独尊儒术"的说法并不准确。实际上，法家的政治理论并未从武帝和西汉的治国方案里消失。相反，法家学说以一种较为隐蔽的方式，配合儒家学说，形成了一种礼法并用、德主刑辅、表儒里法的政治秩序。比如，西汉初年的思想家贾谊就认为应该礼法并用："夫礼者禁于将然之前，而法者禁于已然之后，是故法之所用易见，而礼之所为生难知也。"[1] 董仲舒自然主张教化与德治优先，但他也顾虑"教化废而奸邪并出"，这就意味着刑罚是必须的。[2]

实际上，尽管汉武帝尊儒术、罢百家，却重用专研律令刑罚的张汤、赵禹，协助朝廷主管法条律令修订与司法事务。一时之间，西汉法律数量大增，一改汉

1　班固：《汉书》（第三册），第 1965 页。

2　班固：《汉书》（第三册），第 2178 页。

表 5.3　秦晖论儒法两大政治理论的差异

儒家吏治观	法家吏治观
性善论	性恶论
伦理中心主义：亲亲上贤，竞于道德	权力中心主义：贵贵尊官，争于气力
行政正义优先	行政安全优先
"贤者居位"：德治	强者为王：刑治
"从道不从君"	君权至上
重视"仁义道德"	重视"法、术、势"
特殊主义"礼治"	普遍主义"法治"
"儒为帝师"	"以吏为师"
提倡不怕死、不贪钱的清流精神	排斥"不畏重诛、不利重赏"的"无益之臣"
"出以公心"的荐贤制	形式主义的考试制
"内举不避亲"	厉行回避制
主信臣忠，用人不疑	以私制私，设事防事

初轻刑慎罚的局面。总之，到了汉武帝时期，德主刑辅、外儒内法的"儒法国家"局面已然形成。此后，儒家与法家的结合，构成了中国古代大部分王朝治国方案的基本特征。秦晖曾经以自己的方式总结了儒法两大政治理论的差异，参见表 5.3。[1] 所谓的外儒内法、儒法合流，就是该表中两种政治理论与统治模式的杂糅。

---

[1]　秦晖：《传统十论：本土社会的制度、文化及其变革》（修订版），第151 页。

　　由此，从公元前 3 世纪晚期到公元前 1 世纪早期，即中国后轴心时代的第一个政治实践时期，法家、儒家与道家的政治理论和治国方案已经全部登场。实际上，在纷繁复杂的治国政治格局中，这三大思想流派因其不同的理论主张而拥有不同的政治功能和社会角色。这里，再根据前面章节的讨论做一个简要总结与比较，参见表 5.4。

表 5.4　儒法道政治理论的功能和角色比较

思想流派 作用场域	儒家	法家	道家
君主或官方	制度礼仪 意识形态 合法性	强君 刑政	休养生息
士人或私人	政治伦理	权术	乱世中的处世哲学

　　综合来看，这些理论学说有着不同的政治功能，因而也会在后世历朝历代的实际政治生活中扮演不同的社会角色。儒家的治国学说与政治理论，对于君主与官方来说，其主要功能在于提供跟君主制相匹配的制度与礼仪，提供相应的意识形态，以及一整套合法性论证与叙事；对士人或个体来说，其主要功能是提供一种安身立命的政治伦理与行为准则。但仅有儒家是不够的，礼法兼顾、德刑并重，才能实现长治久安。所以，

法家跟儒家其实是互为表里的。法家的治国学说与政治理论，对君主与官方来说，主要功能在于强君和刑政两个方面；对士人或个体来说，其主要功能到后世则演变为权术之学，成为中国版的"马基雅维利主义"。当然，如果仅有法家，就会走向暴虐的统治。秦朝短命的历史似乎在告诫后世君主，仅仅凭借法家的统治模型，国运难以持久。王朝初定，往往是道家较有作为的时机。道家的治国学说与政治理论，对君主与官方来说，其主要功能是提供一套"顺民之情、与民休息"的休养生息政策方案，有利于国家走出百废待兴的艰难时世；对士人与个体来说，其主要功能则是提供一套在乱世中得以自保和养生的处世哲学。综合来说，上述对儒法道三家政治功能与角色的分析，大体上揭示了它们在不同历史情境下兴衰演化的逻辑。

古代政治理论的历史定位

那么，如何从宏观上评价中国轴心时代的政治理论呢？实际上，在1840年代发生中西碰撞之前，中国轴心时代形成的政治理论——特别是儒家学说——在大部分时间都被统治者视为金科玉律。从思想上看，儒法道三家的政治理论都形成于春秋战国时期。从实践上看，上文业已分析，从战国到秦朝，再到西汉早期，儒法道三家陆续都有成为主流学说与治国方案的机会。当然，到了汉武时期，儒家最终胜出，成为中国后续许多王朝的正统治国方案与官方意识形态。但具体而言，法家并未消逝，而是以一种较为隐秘的方式成为整体治国方案的一部分。这就构成了中国古代外儒内法的完整治国方案。

从中国古代历史的演化来看，秦汉所开创的君主中央集权官僚国家模型，其影响之深远，令人叹为观止。从秦制初创到 1840 年代中西碰撞时的晚清，这套治国方案延续时间超过两千年。在此期间，在这块后来被称为中国的一开始以中原为核心，后来扩展至北到蒙古高原、西至西域、西南到喜马拉雅山脉、东南至西太平洋和南海的广大疆域上，两种政治演化模式占据了支配性地位。

其一是地理疆域上的分合交替。按作家罗贯中的简单说法是："天下大势，合久必分，分久必合。"这两千年间，秦、汉、隋、唐、元、明、清大体上是较统一的王朝；从三国到魏晋，再到五代十国，是大分裂时期；两宋跟辽、金、蒙古、西夏并立，是多国对峙的时期。[1]

1　参见葛剑雄《统一与分裂：中国历史的启示》，商务印书馆，2013 年。

其二是王朝政治的治乱兴衰。即便把秦、西晋、隋等较短命的统一王朝排除在外，汉、唐、宋、元、明、清等国祚绵延相对较长的王朝，无一例外都经历了"兴起—繁荣—衰落—崩解"的过程。宋以后，对于以华夏汉族为正统的士人来说，元和清则构成了北方异族统治整个中原和中国的两个时期。但无论历史如何演化，中国轴心时代形成的政治理论——特别是儒家学说以及外儒内法模式——一直占据着正统地位。包括元和清这两个典型的少数族裔政权，天下大定之后，同样尊孔奉儒，承继中原王朝的官方意识形态，实行外儒内法的治国方案。

从秦汉模式初创，到晚清中西碰撞之前，哪怕是少数特立独行的士人或学者，也很少有人能走出中国轴心时代所形成的儒法道三大主要思想流派所构筑的认知框架。如果以汉武以后的儒家学说作为正统，那么魏晋时期的"无君论"、晚唐的《无能子》、明清之际的君主专制反思浪潮最为异端。但这些都没有超出中国轴心时代儒法道三家的基本认知框架。以鲍敬言为代表的"无君论"，不过是道家无为而治理论的延伸。[1] 晚唐的《无能子》，大体上是承继了庄子的原创思想，不

1　萧公权：《中国政治思想史》，第 249 页。

过是增加了许多批判君主的内容。[1] 前现代中国批判君主专制最激烈的思想家，莫过于明清之际的黄宗羲和顾炎武。黄宗羲所著的《明夷待访录》之《原君》篇对君主制的批判达到了中国本土政治思想的高峰，但他的政治原理仍然是基于孟子的"君轻民贵"论和《礼记》的"天下为公"论。[2] 顾炎武致力于批判过度集权和过度专制之弊，但其目标仍然不过是"古之圣人以公心待天下之人"的美好局面，这大体也是儒家的政治理想。[3] 总之，中国传统士人与学者即便是现实政治的激烈反对者，他们仍然没有超越中国轴心时代的思想家所设定的认知框架。

从 1840 年代到 20 世纪早期，中国政治可谓经历了天翻地覆的变化。以 1919 年的新文化运动为标志，在西学东渐的大背景下，启蒙史观日益走红。在启蒙史观之下，就制度而论，从秦制初创到延续至晚清的君主制中央集权官僚国家，一概可以认定为东方专制主义。[4] 就思想而论，跟这种东方专制主义相匹配的，是

---

1 李似珍、金玉博译注：《化书　无能子》，中华书局，2020 年，第 133—278 页。

2 黄宗羲：《明夷待访录》，孙卫华导读、注释，岳麓书社，2021 年。

3 顾炎武：《日知录集释》（全 3 册），黄汝成集释，栾保群校点，中华书局，2020 年。

4 东方专制主义的代表作，参见卡尔·A. 魏特夫《东方专制主义：对

以孔子为代表的儒家正统学说。[1] 因此，反专制、反儒家与反传统，成了 20 世纪早期中国的重要思潮。在这种思潮下，中国自轴心时代以来逐渐形成的政治理论，特别是以儒家为代表的官方主流学说，不仅毫无价值，而且应该被彻底批判和否定。但在钱穆这样的传统主义保守派看来，这无疑是一种过分激进的社会思潮。[2]

于极权力量的比较研究》，徐式谷译，中国社会科学出版社，1989 年。相关学术争论与批判，参见李祖德、陈启能编《评魏特夫的〈东方专制主义〉》，中国社会科学出版社，1997 年。

1　相关议题，可以参见陈独秀《独秀文存》（全 4 册），首都经济贸易大学出版社，2018 年；余英时《中国思想传统及其现代变迁》，广西师范大学出版社，2004 年。

2　钱穆这样认为："第五，任何一项制度，决不会绝对有利而无弊，也不会绝对有弊而无利。所谓得失，即根据其实际利弊而判定。而所谓利弊，则指其在当时所发生的实际影响而觉出。因此要讲某一代的制度得失，必须知道在此制度实施时期之有关各方意见之反应。这些意见，才是评判该项制度之利弊得失的真凭据与真意见。此种意见，我将称之曰历史意见。历史意见，指的是在那制度实施时代的人们所切身感受而发出的意见。这些意见，比较真实而客观。待时代隔得久了，该项制度早已消失不存在，而后代人单凭后代人自己所处的环境和需要来批评历史上已往的各项制度，那只能说是一种时代意见。时代意见并非是全不合真理，但我们不该单凭时代意见来抹杀以往的历史意见。……第六，我们讨论一项制度，固然应该重视其时代性，同时又该重视其地域性。推扩而言，我们该重视其国别性。在这一国家，这一地区，该项制度获得成立而推行有利，但在另一国家与另一地区，则未必尽然。正因制度是一种随时地而适应的，不能推之四海而皆准，正如其不能行之百世而无弊。我们讲论中国历史上的历代制度，正该重视中国历史之特殊性。若我们忽视了这一点，像我们当前学术界风尚，认为外国的一切都是好，中国的一切都要不得，那只是意气，还说不上意见，又哪能真切认识到自己以往历代制度之真实意义与真实效用无论奉中国传统政治理论为金科玉律，还是过分简单地批判否定，从政治演化史的角度来看，恐怕都不是较为公允的立场。按照弗朗西斯·福山的观点，中国秦汉王朝是人类历史上第一个韦伯意义上的官僚制国家。秦的统一，不仅奠定了中国历史上政治版图的雏形，而且奠定了中国古代国家的基本政治模型。按照福山的说法："我们现在理解的现代国家元素，在公元前3世纪的中国业已到位。其在欧洲的浮现，则晚了整整一千八百年。"[1] 福山还注意到，中国由于在公元前3世纪就发明了文官考试制度，因而有关官僚制的许多做法遥遥领先于其他文明。如果我们把"现代国家"仅仅视为韦伯意义上的科层制或官僚制国家，那么福山的判断大体上还是成立的。就政体而言，在英国近代立宪政体兴起并经由催生工业革命而展示出巨大的政治、经济与军事优势之前，君主制国家或帝国是欧亚大陆的支配性政体类型。[2] 所以，尽管今天君主制政体在全球大部分地方已经丧失合法性，但我们无法以

呢？"参见钱穆《中国历代政治得失》，生活·读书·新知三联书店，2018年，第3—4页。

1　弗朗西斯·福山：《政治秩序的起源：从前人类时代到法国大革命》，毛俊杰译，广西师范大学出版社，2014年，第24页。

2　参见塞缪尔·E. 芬纳《统治史》（全三卷），王震、马百亮等译，华东师范大学出版社，2014年。

这种标准与价值观来评判公元500年、1000年或1500年的君主制中央集权官僚国家。实际上，在现代之前，除了欧洲的封建主义体制和地中海的少数城市共和国之外，人类的不同政治体不在于是否选择君主制，而在于拥有什么样的君主制——是善政的君主制，还是恶政的君主制。

所以，公允地说，我们需要以前现代的政治与观念框架来理解中国古代政治理论的历史定位。简而言之，中国轴心时代所创造的政治理论，特别是儒法道三大思想流派的政治理论，是中国古代政治制度与文明的一个重要部分，并在古代中国的宏观政治生态中扮演着重要角色。其角色主要是：（1）为君主制提供重要的理论基础；（2）为士人阶层提供必要的政治伦理训练；（3）为中国大一统的局面提供理论支撑；（4）为士人阶层提供可供参考借鉴的个人处世哲学；（5）为中原主流文化同化周边族群、外来军事征服者提供坚实的文化基础。所有这些综合起来，中国古代政治理论构成了绵延三千多年的中国古代政治文明的思想基础。

古代先哲的认知模式及其限度

即便如此，基于本书第二章到第四章的分析，中国轴心时代的政治理论仍然有诸多缺憾。当然，倘若以今天人们的观念、理论与知识去苛责古人，似乎有欠公平。但我们仍然可以问：儒家、法家与道家政治理论中存在的逻辑问题是什么？他们的认知框架又有哪些主要的局限性？这个问题之所以重要，是因为理论和思想不只是现实的简单映射。理论和思想一旦产生，就会扮演独立和自主的角色，就会反过来影响人对现实世界的认知，改变人在现实世界中的行为和选择。进一步说，在一个任何特定的时空条件下，人们如何改造世界，根本上还在于他们对世界的基本认知，而这种认知又取决于他们所接受的理论与思想。如果把共同体的政治视为一个不断演化的过程，那么，一种好的政治理论或认知框架，不仅在于能够维持现状，而且在于能够改善现状。

就政治理论本身而言，儒家、法家与道家各具特色，本书前面章节已经做了较为详尽的解读与反思。儒家政治理论的特点是倡导礼制与政治伦理，但论证逻辑较为薄弱。法家政治理论立足于对人性和现实的基本分析，逻辑更强，但没有关涉善与正义的价值主张，从而导向了全面的君主中心主义。道家政治理论热爱自由，强调自发秩序与无为而治，但完全脱离春秋战国的现实政治情境与经济技术进步的基本规律。所以，儒家、法家与道家尽管是中国轴心时代最具代表性的政治理论和哲学思想，但他们的认知框架均有显著的缺憾，在理论假设、核心逻辑和论述完整性上都有较大的问题。这种认知框架的局限性，不仅左右了当时的人对于政治深刻而系统的理解，而且影响了后世的学者与士人思考中国古代政治的思维模式。基于智识与现实的互动，这种思维模式又构成了中国政治文明的重要内容。一方面，思想固然是历史过程的产物；另一方面，思想本身也是历史过程的塑造因素。

举例来说，君民关系是儒家政治理论的一个论述要点。《孟子》中有这样几段含义不同的文字：

> 孔子曰："天无二日，民无二王。"（《万章上》）
>
> 《太誓》曰："天视自我民视，天听自我民听。"此之谓也。（《万章上》）
>
> 孟子曰："民为贵，社稷次之，君为轻。"（《尽心下》）

总体上，儒家一是主张尊君，二是主张听取民意、关照民生。在君民关系上，儒家主张的是两者的结合。后来，承儒启法的荀子对君民关系有这样的著名论述：

传曰："君者，舟也；庶人者，水也。水则载舟，水则覆舟。"[1]

从孟子的君轻民贵论到荀子的载舟覆舟论，他们的意图都在于唤醒君主的统治自觉。他们的这种做法，在历史上也起到了一定的积极作用。比如，《贞观政要》五处提到载舟覆舟的说法，特别是记载了唐太宗与魏征的一场对话：

> 贞观六年，太宗谓侍臣曰："看古之帝王，有兴有衰，犹朝之有暮，皆为蔽其耳目，不知时政得失，忠正者不言，邪谄者日进，既不见过，所以至于灭亡。朕既在九重，不能尽见天下事，故布之卿等，以为朕之耳目。莫以天下无事，四海安宁，便不存意。可爱非君，可畏非民。天子者，有道则人推而为主，无道则人弃而不用，诚可畏也。"
>
> 魏征对曰："自古失国之主，皆为居安忘危，处治忘乱，所以不能长久。今陛下富有四海，内外清晏，能留心治道，常临深履薄，国家历数，自然灵长。臣又闻古语云：'君，舟也；人，水也。水

1　王先谦：《荀子集解》（卷第五），第 151 页。

能载舟，亦能覆舟。'陛下以为可畏，诚如圣旨。"[1]

在这则对话中，唐太宗的名臣魏征引用了荀子的载舟覆舟论。更重要的是，通过对话，一个居安思危、"临深履薄"的君主形象跃然纸上。实际上，唐太宗算得上是一位具有充分统治自觉的君主。

但问题是，儒家对此的论述似乎也是到此为止了。只要再稍微进行一点更深入的分析，就会发现，君主的统治自觉一定是一个概率问题。中国的历朝历代，会出现若干有统治自觉的君主，又会出现若干没有统治自觉的君主。特别是当历史行进到唐代，前朝不同君主的案例可以说非常丰富，但儒家学者或史家对此问题的认知都止步于此，而没有做进一步的分析。既然君主的统治自觉是一个概率问题，那么接下来应该怎么办？一个绵延2000年的政治理论，对此问题的分析与见解竟然止步于此，以今天的认知来看，颇有些令人惊讶。但这种惊讶的背后，恐怕还在于认知框架的重大缺憾。

实际上，就表5.1所总结和比较的政治内容而言，三大思想流派恐怕都无力突破他们在创始阶段所构筑的认知框架，无法提供对于中国古代政治问题的另类思

1　吴兢：《贞观政要》，谢保成点校，中华书局，2021年，第23页。

考与替代性解决方案。如果以轴心时代古希腊的政治
理论为参照，就会发现，古希腊以柏拉图、亚里士多德
为代表的差异极大的政治理论，固然是以古希腊丰富
多样的城邦政治实践为背景的——就此而言我们不应
该苛责中国轴心时代以儒法道为代表的思想家，但是，
仅就理论本身而言，儒法道三家的思考深度与逻辑严密
程度都存在着显著的问题。总体上，中国轴心时代政
治理论的基本特点，是观点表达有余而政治分析不足。

古代政治理论的哲学反思

轴心时代的一大特点，是政治理论与思想、哲学
甚至科学都不加区分，这些内容往往混杂在一起。这意
味着，我们可以把儒家、法家与道家的学说视为一种
政治理论，但也可以视为一种思想与哲学流派。这方
面，古希腊轴心时代的思想家也是如此。最为著名的
是，亚里士多德既是一位政治理论家，又是一位哲学家、
伦理学家和科学家。如果继续追问，就会发现早期文
明在其轴心时代的政治理论，往往与其哲学思想是密不
可分的。政治理论可能只是其哲学思想的一部分，而
政治理论又映射了其哲学思想。

所以，通过考察儒家、法家与道家的政治理论，

我们其实也可以管窥这三大主要流派的哲学思想。他们在哲学思想上的特点，又会在很大程度上影响他们的政治理论。就哲学视角而言，中国轴心时代的儒家、法家与道家固然卓有成就，但也存在诸多问题。这些问题又限制了他们在政治理论上的思考空间与后续演化。

就哲学而论，中国古代政治理论首先是在本体论（ontology）问题上的不足。本体论关注的是事物的存在与实质，哲学领域的"人是什么""上帝存在吗""世界的本原是什么"，以及科学领域的"什么是物质""什么是时空""什么是声音"，等等，都属于本体论关心的问题。擅长本体论的思想家往往更懂得透过表象洞悉本质，或者超越名词与概念而能把握名词与概念之下的实质。

按照柏拉图的方法，本体论需要讲究名词概念——内在界定——与外部实体之间的一致性。[1]《理想国》开篇，是苏格拉底等人关于正义概念的辩论。这场辩论的背后是这样一种思维，即正义作为一个名词或概念，应该有其内在界定，而只有基于这种界定，我们才能判断何为正义。[2]唐士其教授将其总结为本质主义思想，

1　安东尼·肯尼:《牛津西方哲学史》（第1卷），第56页。
2　柏拉图:《理想国》，郭斌和、张竹明译，商务印书馆，1986年，第1—43页。

恰好跟中国的非本质主义思想相对。他这样说：

> 本质主义的思想即西方思想，之所以称之为本
> 质主义，是因为西方思想从一开始就把对物之本质
> 的探求作为其根本任务。这种对思想本质的规定来
> 自西方思想传统在其开端处对物的定义的追求。物
> 的定义必须揭示其根本属性，而后者又被视为物的
> 共性，即普遍性与不变性。[1]

就此而言，概念的清晰准确、名实相符，是任何
严肃研究的前提——无论是哲学领域还是科学领域。

然而，儒家、法家与道家共有的缺憾就是本体论
层次的。他们尽管使用或构建了许多关键概念，但他
们往往很少清晰准确地界定这些概念，许多关键概念
并没有一个严格对应的内在界定或外部实体，这使他
们的哲学思想缺少了一个坚实的基础。

在儒法道三家中，道家相对而言较注重本体论。即
便他们试图用自己的方法界定"道"，但我们还是很难
在他们的框架内确定"道"作为名词概念，其内在界

1　唐士其:《本质主义的思想与非本质主义的思想》，载《中国社会科学
报》，2022 年 8 月 31 日。

定和外部实体之间的一致性。正如上文提到的，道家的"道"，大体上是两种含义：一为万物之母、宇宙之源，二为天下万事万物背后的自然法则。[1]下面两段引文，大致代表了道的两种不同含义。

> 有物混成，先天地生。寂兮寥兮，独立不改，周行而不殆，可以为天下母。吾不知其名，字之曰道，强为之名曰大。（《道德经·第二十五章》）
>
> 上善若水。水善利万物而不争，处众人之所恶，故几于道。（《道德经·第八章》）

第一段话将道视为宇宙之源、万物之母，第二段话将道视为自然法则。但问题是，道到底是什么？恐怕就难以言说了。这种对道的界定，如果以西方思想和哲学体系作为参照，道就接近于上帝的概念了。这并不意味着道这个概念不重要或者无价值，但就本体论而言，这个概念始终存有明显的不足。

再比如，仁是儒家学说的核心概念。本书第二章曾经专门论述过孔子、孟子关于仁和仁政的基本思想。

1　陈鼓应将道理解为三种含义，即宇宙之源、万物法则、生活准则。本书作者认为，这里的第三种含义是较次要的，所以主要采纳前两种含义的理解。参见陈鼓应注译《老子今注今译》，第23—48页。

但是，如果我们跟孔子生活在同一年代，要是去请教孔子何谓仁，恐怕很难得到一个确定的回答。《论语》中直接涉及"问仁"的地方共有七处，而间接涉及"仁"的地方则更多，孔子每次都给予了不同的回答。较具代表性的引文如下：

> 子曰："巧言令色，鲜矣仁！"（《学而》）
>
> （樊迟）问仁。曰："仁者先难而后获，可谓仁矣。"（《雍也》）
>
> 颜渊问仁。子曰："克己复礼为仁。一日克己复礼，天下归仁焉。为仁由己，而由人乎哉？"颜渊曰："请问其目。"子曰："非礼勿视，非礼勿听，非礼勿言，非礼勿动。"（《颜渊》）
>
> 仲弓问仁。子曰："出门如见大宾，使民如承大祭。己所不欲，勿施于人。在邦无怨，在家无怨。"（《颜渊》）
>
> 司马牛问仁。子曰："仁者其言也讱。"曰："其言也讱，斯谓之仁已乎？"子曰："为之难，言之得无讱乎？"（《颜渊》）
>
> 樊迟问仁。子曰："爱人。"（《颜渊》）
>
> 樊迟问仁。子曰："居处恭，执事敬，与人忠。虽之夷狄，不可弃也。"（《子路》）

子曰："刚毅、木讷，近仁。"（《子路》）

子贡问为仁。子曰："工欲善其事，必先利其器。居是邦也，事其大夫之贤者，友其士之仁者。"（《卫灵公》）

子张问仁于孔子。孔子曰："能行五者于天下，为仁矣。"请问之。曰："恭、宽、信、敏、惠。恭则不侮，宽则得众，信则人任焉，敏则有功，惠则足以使人。"（《阳货》）

尽管孔子的这些回答都富有启发性，但他始终没有明确的本体论意识，即界定到底何谓仁，或者什么是仁。何谓仁，或者什么是仁，就是一个本体论问题。

类似地，政或政治是儒家论述的核心概念之一。在《论语》中，涉及向孔子"问政"的总共有九处，但孔子每次都给予了不同的回答，从"足食。足兵。民信之矣"到"君君，臣臣，父父，子子"，从"政者，正也"到"先有司，赦小过，举贤才"，等等，不一而足。但孔子始终没有明确的本体论意识，即界定何谓政，或者到底什么是政。这也是一个本体论问题。

其次是中国古代政治理论在认识论上的不足。认识论（epistemology），又称知识论，是关于知识的理论。简而言之，认识论感兴趣的问题是：假如你知道许多知识，但你如何确定哪些知识为真、哪些知识为假呢？
有学者这样认为：

> 认识论的研究对象是什么可以认识以及我们如
> 何认识。我们对许多议题有许多信念；这其中到
> 底哪一种可以算作真正的知识呢？真正知识的标
> 志是什么呢？真正知识与单纯信念如何区分呢？
> 有没有一种可靠的路径可以认识真理和去除似是而
> 非的虚假信念呢？[1]

认识论的一个重要观点，是我们应该区分何谓事实
与何谓观点，或者何谓确定的知识与何谓一般的猜想。
从认识论的视角看，中国古代政治理论的一个重要特
点——同时也应该称之为缺点，是思想家的论断多于对
事实的描述与解释，有时则常常只有论断而没有论证。
既然如此，这些思想家又何以确定他们提供的是某种
较为确定的知识，而非仅仅是意见各异的各种观点呢？

当这些思想家不仅是表达某种非常私人化的哲学
思想，而是表达某种关于政治的理论抑或治国的方案

1　安东尼·肯尼：《牛津西方哲学史》（第 1 卷），第 171 页。译文略
　　有调整。

时，如果没有这样一种认识论的自觉，那就是非常可怕
的。如果碰巧一位君主信奉了这位思想家的观点，又准
备付诸实施，但实际上这位思想家的观点算不上什么
可靠的知识，而不过是某种不甚可靠的个人主张，这
位君主就可能会置身险境，进而让整个国家陷入危机。

　　试举一例，拿《孟子》一书来说，当提出某种政
治主张或治国方案时，为了增强其说服力，孟子在结
尾处常常会用一个断语，即"然而不王者，未之有也"。
这个问题，第二章曾做过简略讨论。整部《孟子》有五
处出现这一论断。此外，类似的论断，还包括"天下
不心服而王者，未之有也""然而不亡者，未之有也""不
仁而得天下，未之有也"，等等。"然而不王者，未之有也"
的意思是，如果做到了前面讲的做法，还不能称王于天
下的，是从来没有过的。总体上，孟子前面阐述的是某
种治国的道德或伦理原则，倡导的是符合这种道德或伦
理原则的治国方案，结论则是"然而不王者，未之有也"。

　　倘若具有某种程度的认识论自觉，面对孟子的这
种论述，我们至少可以问三个基本问题：一是在你讲的
政治伦理原则与称王于天下之间有某种严格的相关性
吗？二是如果具有相关性，你的德治方案一定会或有
较大可能导致称王于天下吗？三是你讲"然而不王者，
未之有也"，是一个全样本的论断，问题是真的没有一

个反面案例吗？这些问题并非是对古人的苛责或苛求。具体信息有古今之分，但评判一个论断是否可靠并没有古今之分。这些具体问题的背后，都是认识论或知识论问题。实际上，中国轴心时代的思想家普遍地没有认识论的自觉。

再次是中国古代政治理论在逻辑学上的不足。逻辑学（logic），通俗地说，是一门区分论证质量好坏的学科。有人基于某些前提假设和推理，得到某个结论，那么这个论证过程可信吗？这是逻辑学关心的问题。在中国轴心时代，大部分思想家并没有严格意义上的逻辑自觉。相对而言，法家要比儒家更讲究论证过程。但总体而言，儒家、法家与道家的主要代表人物跟他们基本同时代的古希腊哲学家亚里士多德等人相比，在逻辑上的严密程度还是要逊色很多。

本书第二章至第四章已经逐一讨论儒家、法家与道家政治理论的逻辑问题。相对而言，法家在论述过程中更讲求逻辑，儒家与道家则更忽视逻辑，但总体上，儒法道三家都存在着逻辑学上的缺憾。拿儒家的政治理论来说，儒家以周朝的制度与礼仪作为自己的理想国，即所谓"祖述尧舜、宪章文武"或"吾从周"，但问题是，西周真的是一个政治理想国吗？儒家似乎不再讨论这一问题。无论从人类政治的一般演化逻辑来看，还是从后世的研究来看，西周实际上不可能是一个政治理想国。这一点第二章已经做过分析，即便西周初年可能存在过一个以"文武之道"作标签的理想模型，但这一政治模型并没有维持太久。在具体政治解决方案上，儒家强调政治伦理与教化的重要性，即所谓德治，这本身没有问题，但问题是，如果德治不足以规范官员、士人与庶民的行为，又该怎么办呢？儒家似乎对此就束手无策了。

拿法家的政治理论来说，法家从经济人假设出发，推导出君主在强君和实现霸业过程中应该采取何种策略。这是中国轴心时代最具逻辑性的理论表述。问题是，君主本身在法家理论中是一个无法打开的黑箱。法家倒向了绝对的君主中心主义，但君主在知识、能力与德行上均具有较大的不确定性。进一步说，君主一旦拥有完全不受约束的绝对权力，他会用这种权力来做什么呢？此外，倘若一种君臣、父子、夫妻互不信任的叙事成为主流，政治系统内部的交易成本将会高到难以想象的程度。法家又如何面对其中的逻辑问题呢？

拿道家的政治理论来说，道家较抽象的理论表述往往更有价值，但一旦涉及具体的政治解决方案与治国学说，就可以说漏洞百出了。一个主要的问题是，道家完全无视人类政治从远古向西周、再向春秋战国时期的演化，这一演化的结果是，诸侯国与诸侯国之间的政治和军事竞争格局成为当时政治的基本面。但道家几乎不考虑这种政治基本面，而是论述了一套去政治化的政治理论。另一个类似问题是，如果说儒家渴望回到西周，那么道家则渴望回到西周之前，他们试图回到更为远古的时代去构建一种小国寡民的秩序。但实际上，这并非一种现实的政治想象。

　　道家在论证过程中常常采用类比或比喻的方法。这种方法固然可以以浅显、生动且形象的方式来阐明一般的理论，但这种论证方式在逻辑上往往不够严谨。比如，《庄子·人间世》多次用树木等为例，来论证无用故能成其寿、故能长久的道理。但是，《庄子·山木》讲述的另一则故事则近乎诡辩了。原文是这样：

　　　　庄子行于山中，见大木，枝叶盛茂，伐木者止其旁而不取也。问其故。曰："无所可用。"庄子曰："此木以不材得终其天年。"夫子出于山，舍于故人之家。故人喜，命竖子杀雁而烹之。竖子请曰："其一能鸣，其一不能鸣，请奚杀？"主人曰："杀不能鸣者。"

　　　　明日，弟子问于庄子曰："昨日山中之木，以

　　不材得终其天年；今主人之雁，以不材死。先生将
　　何处？"庄子笑曰："周将处乎材与不材之间……"

　　这则故事的前提是，庄子向来强调无用之用。但这个故事中则出现了类比或比喻叙事的一个困境，"木以不材得终其天年"，雁却因不能鸣而被杀，如何再能用类比或比喻逻辑叙事呢？当弟子问庄子该怎么办时，庄子的回答是"将处夫材与不材之间"。尽管后面庄子还洋洋洒洒说了一大通道理，但他已经无力回答有用和无用到底哪个更有利于长久的命题。这就是类比论证或比喻论证在逻辑上的困境。

　　综合来看，对于中国轴心时代的政治理论，我们既不必以今天古今中西比较的眼光来苛责我们的祖先，因为这样做，对他们来说并不公平，又不必忌讳指出这些思想家的著述及其政治理论存在的诸种问题，否则，我们就无法公允地正视这些理论。如何平衡就变得非常重要了。当然，有许多学者把研究中国古代政治理论仅仅作为一项纯政治思想史或哲学史的课题，只是着眼于把这些祖先的学问彻底搞懂，并把这些古代思想家的学问仅仅当作文本的历史遗迹来看待，那么无论持有何种研究倾向，都无伤大雅。

　　但是，倘若有人将这种对于中国古代政治理论的

研究及其成果，视为当下中国乃至未来中国的一种极重要的思想资源，那么这就需要非常审慎。一方面，中国古代政治理论本身就有许多值得反思和检讨的地方。特别是，基于严格的逻辑分析，中国轴心时代的政治理论能否真的导向"天下善治"，这本身就是一个值得反思的问题。另一方面，今天的时间与空间条件都发生了巨大的变化，如果不问古今中西之辨，而硬要将这些政治理论视为一种直接可用的主要思想资源，恐怕就是缘木求鱼了。

我们今天的历史情境已经发生了前所未有的变化。中国轴心时代的政治理论固然始终是我们理解中国历史与中国政治文明演化的一种资源，但是，它们不应该成为一种思想的图腾。正如序言提出的，面对祖先的这些著述与理论，作为后人，我们固然应该心存敬畏，但同时，亦可抱有一颗懂得检讨与反思的心灵。毕竟，每一代人都应该需要部分地或整体地突破先辈曾经为后人设定的认知框架。

行文至此，面对书桌上堆满的古代典籍，我再次想起了庄子的话："吾意善治天下者不然。"

参考文献

埃里希·鲁登道夫:《总体战》,戴耀先译,解放军出版社,2005年。

艾伦·麦克法兰:《英国个人主义的起源》,管可秾译,商务印书馆,2008年。

安东尼·肯尼:《牛津西方哲学史》(第1卷),王柯平译,吉林出版集团,2010年。

柏拉图:《理想国》,郭斌和、张竹明译,商务印书馆,1986年。

班固、陈立:《白虎通疏证》(上册),吴泽虞点校,中华书局,1994年。

班固:《汉书》(中华国学文库),颜师古注,中华书局,2012年。

包刚升:《民主崩溃的政治学》,商务印书馆,2014年。

包刚升:《民主的逻辑》,社会科学文献出版社,2018年。

包刚升:《政治学通识》,北京大学出版社,2015年。

毕沅:《续资治通鉴》(全八册),中华书局,2021年。

曹德本主编:《中国政治思想史》,高等教育出版社,2004年。

查尔斯·蒂利:《强制、资本和欧洲国家(公元990—1992年)》,魏洪钟译,陈尧校,上海人民出版社,2021年。

陈独秀:《独秀文存》(全4册),首都经济贸易大学出版社,2018年。

陈鼓应注译:《老子今注今译》(参照简帛本最新修订版),商务印书馆,2016年。

陈鼓应注译：《庄子今注今译》（上下册·最新修订版），商务印书馆，2016 年。

陈汉生：《中国思想的道家之论：一种哲学解释》，周景松、谢尔逊等译，江苏人民出版社，2020 年。

陈来：《儒学美德论》，读书·生活·新知三联书店，2019 年。

陈振：《宋史》，上海人民出版社，2020 年。

池田知久：《郭店楚简〈老子〉新研究》，曹峰、孙佩霞译，江苏人民出版社，2022 年。

崔瑞德、鲁惟一：《剑桥中国秦汉史》，杨品泉等译，中国社会科学出版社，1992 年。

大卫·科泽：《仪式、政治与权力》，王海洲译，江苏人民出版社，2015 年。

道格拉斯·C. 诺思：《经济史上的结构和变革》，厉以平译，商务印书馆，1992 年。

邓小南：《祖宗之法：北宋前期政治述略》（修订版），生活·读书·新知三联书店，2014 年。

董仲舒：《春秋繁露》，张世亮等译注，中华书局，2012 年。

方勇译注：《庄子》，中华书局，2015 年，第 124 页。

冯友兰：《中国哲学史》（上下册），华东师范大学出版社，2015 年。

弗朗西斯·福山：《政治秩序的起源：从前人类时代到法国大革命》，毛俊杰译，广西师范大学出版社，2014 年。

弗里德里希·奥古斯特·哈耶克：《致命的自负》，冯克利、胡晋华译，中国社会科学出版社，2000 年。

弗里德里希·奥古斯特·哈耶克：《自由宪章》，杨玉生等译，中国社会科学出版社，2012 年。

傅佩荣：《儒家哲学新论》，中华书局，2010 年。

干春松：《制度化儒家及其解体》，中国人民大学出版社，2003 年。

高明：《帛书老子校注（简体字本）》，中华书局，2023 年。

格雷厄姆·艾利森：《注定一战：中美能避免修昔底德陷阱吗？》，

陈定定、傅强译，上海人民出版社，2019 年。

葛剑雄：《统一与分裂：中国历史的启示》，商务印书馆，2013 年。

葛瑞汉：《论道者：中国古代哲学论辩》，张海晏译，中国社会科学出版社，2003 年。

葛兆光：《儒学的制度化、常识化和风俗化——从历史看儒家》，工作论文（2020 年初稿）。

葛兆光：《宅兹中国：重建有关"中国"的历史论述》，中华书局，2011 年。

葛兆光：《中国思想史（第一卷）：七世纪前中国的知识、思想与信仰世界》，复旦大学出版社，2019 年。

谷中信一：《先秦秦汉思想史研究》，孙佩霞译，上海古籍出版社，2018 年。

顾德融、朱顺龙：《春秋史》，上海人民出版社，2019 年。

顾立雅：《申不害：公元前四世纪中国的政治哲学家》，马腾译，江苏人民出版社，2019 年。

顾炎武：《日知录集释》（全 3 册），黄汝成集释，栾保群校点，中华书局，2020 年。

郭象注：《庄子注疏》，成玄英疏，曹础基、黄兰发整理，中华书局，2011 年。

汉密尔顿、杰伊、麦迪逊：《联邦党人文集》，程逢如译，商务印书馆，1980 年。

汉娜·阿伦特：《极权主义的起源》，林骧华译，生活·读书·新知三联书店，2008 年。

赫伯特·芬格莱特：《孔子：即凡而圣》，彭国翔、张华译，江苏人民出版社，2002 年。

胡厚宣、胡振宇：《殷商史》，上海人民出版社，2019 年。

胡适：《中国哲学史》，商务印书馆，2011 年。

黄仁宇：《万历十五年》，生活·读书·新知三联书店，2015 年。

黄宗羲：《明夷待访录》，孙卫华 导读注释，岳麓书社，2021 年。

霍布斯：《利维坦》，黎思复、黎廷弼译，商务印书馆，1985年。

贾谊：《新书》，方向东译注，中华书局，2012年。

贾谊：《新书校注》，阎振益、钟夏校注，中华书局，2000年。

江荣海主编：《中国政治思想史九讲》，北京大学出版社，2010年。

蒋伯潜：《诸子通考》，中华书局，2016年。

金观涛、刘青峰：《兴盛与危机：论中国社会超稳定结构》，法律出版社，2011年。

金观涛：《轴心文明与现代社会：探索大历史的结构》，东方出版社，2021年。

金耀基：《中国政治与文化》（增订版），牛津大学出版社（Hong Kong：Oxford University Press），2013年。

卡尔·A. 魏特夫：《东方专制主义：对于极权力量的比较研究》，徐式谷译，中国社会科学出版社，1989年。

卡尔·波普尔：《开放社会及其敌人》（全二卷），陆衡等译，中国社会科学出版社，1999年。

卡尔·雅斯贝尔斯：《论历史的起源与目标》，李雪涛译，华东师范大学出版社，2018年。

康德：《历史理性批判文集》，何兆武译，商务印书馆，1990年。

孔飞力：《叫魂：1768年中国妖术大恐慌》，陈兼、刘昶译，上海三联书店，2014年。

劳思光：《新编中国哲学史（增订本）》（第一卷），生活·读书·新知三联书店，2019年。

老子：《道德经》，张景、张松辉译注，中华书局，2021年。

黎翔凤：《管子校注》（全2册），梁运华整理，中华书局，2020年。

李峰：《西周的灭亡：中国早期国家的地理和政治危机》，徐峰等译，上海古籍出版社，2016年。

李峰：《西周的政体：中国早期的官僚制度和国家》，吴敏娜等译，生活·读书·新知三联书店，2010年。

李明倩：《〈斯特伐利亚和约〉与近代国际法》，商务印书馆，2018年。

李似珍、金玉博译注：《化书 无能子》，中华书局，2020年。

李锡厚、白滨：《辽金西夏史》，上海人民出版社，2020年.

李学勤：《东周与秦代文明》，上海人民出版社，2016年。

李学勤主编，张广志著：《文明的历程：西周》，上海科技出版社，
　　2020年。

李泽厚：《中国古代思想史论》，生活·读书·新知三联书店，2008年。

李祖德、陈启能编：《评魏特夫的〈东方专制主义〉》，中国社会科学
　　出版社，1997年。

利昂·P·巴拉达特：《意识形态：起源和影响》，张慧芝、张露璐译，
　　世界图书出版公司，2010年。

梁启超：《先秦政治思想史》，商务印书馆，2014年。

列奥·施特劳斯、约瑟夫·克罗波西：《政治哲学史》（第三版），李
　　洪润等译，法律出版社，2009年。

林聪舜：《儒学与汉帝国意识形态》，上海人民出版社，2017年。

林剑鸣：《秦汉史》，上海人民出版社，2019年。

刘尚慈译注：《春秋公羊传译注》（全二册），中华书局，2010年。

刘向辑录，鲍彪注，吴师道校注：《战国策》，宁镇疆、杨德乾校点，
　　上海古籍出版社，2015年。

刘泽华：《中国政治思想史》，浙江人民出版社，2020年。

罗伊·波特：《创造现代世界：英国启蒙运动钩沉》，李源等译，商
　　务印书馆，2022年。

吕思勉：《秦汉史》（全二册），中华书局，2020年。

吕思勉：《先秦史》，中华书局，2020年。

吕思勉：《中国政治思想史》，北京出版社，2016年。

吕振羽：《中国政治思想史》，商务印书馆，2022年。

马克思、恩格斯：《马克思恩格斯文集》，中共中央马克思恩格斯列
　　宁斯大林著作编译局译，人民出版社，2009年。

马克斯·韦伯，《学术与政治》，钱永祥译，广西师范大学出版社，
　　2004年。

马克斯·韦伯：《经济与社会》（第二卷·上册），阎克文译，上海人民出版社，2009 年。

曼瑟·奥尔森：《权力与繁荣》，苏长和、嵇飞译，上海人民出版社，2005 年。

牟复礼：《中国思想之渊源》（第二版），王重阳译，北京大学出版社，2009 年。

牟宗三，《中国哲学十九讲》，贵州人民出版社，2020 年。

南炳文、汤纲：《明史》（全二册），上海人民出版社，2021 年。

南炳文主编：《清史》（下编），上海人民出版社，2020 年。

内藤湖南：《中国史通论》，九州出版社，2023 年。

尼科洛·马基雅维利：《君主论》，潘汉典译，商务印书馆，1996 年。

欧文·拉铁摩尔：《中国的亚洲内陆边疆》，唐晓峰译，江苏人民出版社，2005 年。

钱穆：《墨子 惠施公孙龙》，九州出版社，2019 年。

钱穆：《秦汉史》，生活·读书·新知三联书店，2004 年。

钱穆：《中国历代政治得失》，生活·读书·新知三联书店，2018 年。

乔治·萨拜因：《政治学说史》（全两册），托马斯·索尔森修订，邓正来译，上海人民出版社，2015 年。

秦晖：《传统十论：本土社会的制度、文化及其变革》（修订版），山西人民出版社，2019 年。

裘锡奎：《老子今研》，中西书局，2021 年。

任剑涛：《政治：韩非四十讲》，广西师范大学出版社，2021 年。

任文启：《王权时代的韩非子批评史研究》，法律出版社，2019 年。

萨孟武：《中国政治思想史》，东方出版社，2008 年。

塞缪尔·E·芬纳：《统治史》（全三卷），王震、马百亮等译，华东师范大学出版社，2014 年。

施展：《枢纽：3000 年的中国》，广西师范大学出版社，2018 年。

石磊译注：《商君书》，中华书局，2016 年。

史华兹：《古代中国的思想世界》，程钢译，江苏人民出版社，2004 年。

司马光编纂:《资治通鉴》,岳麓书社,1990 年。

司马迁:《史记》,裴骃集解,司马贞索隐,张守节正义,中华书局,2011 年。

宋怡明:《被统治的艺术》,中国华侨出版社,2019 年。

孙希旦:《礼记集解》(全 2 册),沈啸寰、王星贤点校,中华书局,2022 年

孙诒让:《墨子间诂》,孙启治点校,中华书局,2021 年。

谭嗣同:《仁学:谭嗣同集》,加润国选注,辽宁人民出版社,1994 年。

唐士其:《本质主义的思想与非本质主义的思想》,载于《中国社会科学报》,2022 年 8 月 31 日。

陶希圣:《中国政治思想史》(上、下),中国大百科全书出版社,2009 年。

陶希圣:《中国政治思想史》,中国大百科全书出版社,2009 年。

田余庆:《东晋门阀政治》,北京大学出版社,1989 年。

童强:《中国政治思想史》,南京大学出版社,2018 年。

王弼注:《老子道德经注》,楼宇烈校释,中华书局,1980 年。

王弼注:《老子道德经注》,楼宇烈校释,中华书局,2011 年。

王博:《庄子哲学》,北京大学出版社,2020 年。

王国维著,彭林编:《中国近代思想家文库:王国维卷》,中国人民大学出版社,2014 年。

王利器校注:《盐铁论校注》,中华书局,2017 年。

王先谦撰,沈啸寰、王星贤整理,《荀子集解》(中华国学文库),中华书局,2012 年。

王先慎:《韩非子集解》,钟哲点校,中华书局,2013 年。

威廉·布莱克斯通:《英国法释义》(第一卷),游云庭、缪苗译,上海人民出版社,2006 年。

韦政通:《荀子与古代哲学》,九州出版社,2022 年。

吴兢:《贞观政要》,谢保成点校,中华书局,2021 年。

吴宗国主编:《中国古代官僚政治制度研究》,北京大学出版社,

2004 年。

萧公权：《中国政治思想史》，新星出版社，2010 年。

修昔底德：《伯罗奔尼撒战争史》（上册），谢德风译，商务印书馆，2017 年。

徐复观：《两汉思想史》（全三册），九州出版社，2014 年。

许宏：《何以中国：公元前 2000 年的中原图景》，生活·读书·新知三联书店，2016 年。

许田波：《战争与国家形成：春秋战国与近代早期欧洲之比较》，徐进译，上海人民出版社，2009 年。

亚当·斯密：《国民财富的性质和原因的研究》（上册），郭大力、王亚南译，商务印书馆，2005 年。

阎步克：《士大夫政治演生史稿》，北京大学出版社，1996 年。

杨伯峻编著：《春秋左传注》（全二册），中华书局，2018 年。

杨宽：《西周史》，上海人民出版社，2019 年。

杨宽：《战国史》，上海人民出版社，2019 年。

杨向奎：《大一统与儒家思想》，北京出版社，2016 年。

姚大力：《追寻"我们"的根源：中国历史上的民族与国家意识》，生活·读书·新知三联书店，2018 年。

余英时：《论天人之际：中国古代事项起源试探》，中华书局，2014 年。

余英时：《中国思想传统及其现代变迁》，广西师范大学出版社，2004 年。

詹姆斯·G. 马奇、约翰·P. 奥尔森：《重新发现制度：政治的组织基础》，张伟译，生活·读书·新知三联书店，2011 年。

张君劢：《儒学与民族复兴》，上海人民出版社，2020 年。

张星久：《中国政治思想史（古代部分）》，复旦大学出版社，2017 年。

张铉根：《观念的变迁：中国古代政治思想的演变》，叶梦怡译，浙江人民出版社，2022 年。

赵鼎新：《东周战争与儒法国家的诞生》，夏江旗译，华东师范大学出版社，2006 年。

赵鼎新：《儒法国家：中国历史新论》，徐峰、巨桐译，浙江大学出版社，2022年。

赵园：《明清之际士大夫研究》，北京大学出版社，2014年。

郑天挺主编：《清史》（上编），上海人民出版社，2020年。

周良霄：《元史》，上海人民出版社，2019年。

周勋初：《〈韩非子〉札记》，凤凰出版社，2021年。

朱熹：《四书章句集注》，中华书局，2019年。

邹谠：《二十世纪中国政治：从宏观历史与微观行动角度看》，牛津大学出版社，1994年。

Karen Armstrong, *The Great Transformation: The World in the Time of Buddha, Socrates, Confucius, and Jeremiah*, London: Atlantic Books, 2007.

F. A. Hayek, *The Counter-Revolution of Science: Studies on the Abuse of Reason*, London: The Free Press of Glencoe, 1955.

F. A. Hayek, *The Fatal Conceit: The Errors of Socialism*, Chicago: University of Chicago Press, 1991.

Yuhua Wang, *The Rise and Fall of Imperial China: The Social Origins of State Development*, Princeton: Princeton University Press, 2022.